Andrea
Condello

L'ACROBATA
DELL'IMPOSSIBILE

La storia di Riccardo Iovino, uomo e imprenditore illuminato

ENGAGE

Copyright © 2024 ENGAGE EDITORE SRL
TUTTI I DIRITTI RISERVATI
Prima Edizione: ottobre 2024
www.engageeditore.com

INDICE

INTRODUZIONE 5
1. IL FIGLIO 11
2. L'AMICO 23
3. L'IMPRENDITORE E IL LEADER 41
4. L'UOMO DIETRO IL MITO 57
5. IL COMPAGNO DI VITA 71
6. LA MALATTIA DEL SOGNATORE 85
PASSIONE VS OSSESSIONE: UNA CONCLUSIONE 87

INTRODUZIONE

In ogni vita c'è almeno una persona che lascia un'impronta indelebile nel cuore e nell'anima, che illumina e arricchisce il nostro cammino con la sua presenza: per me questa persona è stata Riccardo, l'amico di sempre, un fratello.

Nonostante la sua improvvisa scomparsa, il nostro legame continua a essere vivo nel mio cuore e nella mia memoria, andando oltre il tempo e la distanza che oggi ci separano. Non importa quanto sia passato dalla sua partenza, perché il suo spirito e la sua presenza continuano a vivere in me.

La ragione principale che mi ha spinto a scrivere questo libro è stato il desiderio di lasciare una traccia di quello che Ricky ha compiuto nella sua straordinaria vita e di farlo conoscere nei suoi aspetti più umani. Il senso di questo libro è di far sì che Ricky viva per sempre.

Molte persone mi hanno chiesto e mi chiedono spesso di lui. Era una persona alquanto fuori dal comune, un genio visionario che ha avuto il coraggio di seguire la propria idea e che, con il suo ingegno, la sua creatività e la sua audacia ha cambiato per sempre il settore dell'edilizia.

Questo libro è un tributo alla sua vita, all'anima sognatrice, forte e coraggiosa che ha attraversato le nostre esistenze. Con le parole, i racconti e le emozioni raccolte in queste pagine, cercherò di celebrare il valore e la bellezza di Riccardo. Per scrivere questo libro ho chiesto l'aiuto di altre persone che hanno condiviso con lui un pezzo di vita. Ognuna di loro ha conosciuto una parte di Riccardo: il figlio, l'amico, l'imprenditore, il leader, l'uomo e il compagno di vita.

La sua grandezza non risiede solo nella realizzazione di un'impresa eccezionale, ma soprattutto nella sua umanità e nella sua personalità unica. Un uomo forte, sicuro, coraggioso e con la capacità di tendere una mano a chi si trovava in difficoltà, di ascoltare con compassione e di offrire sostegno a chi ne aveva bisogno.

Questo libro è un viaggio emotivo e profondo attraverso i ricordi condivisi, i momenti preziosi e le lezioni apprese insieme a lui e da lui. Che la sua storia ci ispiri a seguire le nostre passioni, a credere nelle nostre idee e a perseguire i nostri sogni con determinazione e audacia, sapendo che anche noi, come Riccardo, possiamo fare la differenza e lasciare un segno nel mondo.

Unendo le voci e i ricordi della madre e delle persone che lo hanno conosciuto meglio, questo libro si propone di celebrare la straordinarietà e la complessità della sua esistenza umana, un modo e un'opportunità per ricordare o conoscere l'uomo dietro il mito.

Voglio ringraziare di cuore tutte le persone che hanno accettato di essere intervistate e hanno voluto contribuire alla stesura di questo libro; attraverso le loro testimonianze ho rivissuto il mio amico e ho potuto raccontare le varie sfaccettature di Riccardo.

L'eredità di un uomo straordinario non si misura solo dalle sue imprese e dai suoi successi, ma soprattutto dal suo impatto sulle vite di coloro che ha toccato con la sua presenza e con il suo esempio.

Tanti imprenditori hanno una visione, ma pochi sono visionari: Riccardo lo è stato. Il suo entusiasmo, la sua capacità di sognare, la sua grande visione del futuro mi hanno aiutato tante volte. Era sicuro che avrebbe realizzato qualcosa di grande, con quell'energia pazzesca, e l'ha fatto.

Nelle pagine che leggerai, scoprirai la grandezza ma anche l'umanità di un grande sognatore e mi auguro che possano essere una fonte di ispirazione e un invito a esplorare il potere delle visioni rivoluzionarie e a osare, a immaginare con temerarietà, sempre più in grande, proprio come ha fatto lui.

Questo libro è dedicato a te, caro amico mio, che sei sempre nei nostri cuori e nei nostri pensieri e che continuerai a vivere nel ricordo di coloro che ti hanno amato. Tutto quello ciò che hai fatto in vita continua a ispirare le nostre giornate e quelle di molti.

Questo libro è un modo per lasciare una traccia di te e farti vivere per sempre.

Come nel nostro film preferito da ragazzini, *La Storia Infinita* di Michael Ende, che si snoda senza fine, anche la tua storia non è terminata in questa vita, ne sono certo. Il film spiega che l'esistenza è, appunto, una storia infinita e solo noi possiamo scrivere le sue pagine. Ci insegna poi che il confine tra immaginazione e realtà non è affatto invalicabile, è più sottile di quanto pensiamo. Tu l'hai dimostrato.

Con tutto il mio affetto e gratitudine infinita per essere stato il mio grande amico.

1.

IL FIGLIO

1. IL FIGLIO

UN'INTERVISTA A SIMONETTA SIMONI, MAMMA DI RICKY

Un libro che rappresenta il viaggio nella vita e nelle sfumature della personalità di Riccardo non può che iniziare con il racconto del suo passato, dei suoi primi anni di vita.

Simonetta, la mamma di Ricky, ha accettato con gioia di partecipare alla stesura di questo libro, parlando di aspetti di lui che ben pochi conoscono. Le prime parole, i primi passi, le prime marachelle... ogni avventura è incisa nella sua memoria come una perla preziosa e la ricorda in modo vivo, come fosse ieri.

Riccardo era molto legato alla mamma, avevano un rapporto speciale. Per parlare di chi era davvero Riccardo non potevo non intervistare la persona che l'ha cresciuto e lo ha vissuto profondamente in tutte le fasi della sua vita.

Per me è stata una grandissima emozione incontrare Simonetta, siamo molto affezionati l'uno all'altra. Da ragazzino stavo spesso da Riccardo, per giorni e giorni vivevo lì con loro, accolto come uno di famiglia, al punto che Simonetta mi chiamava "il suo secondo figlio", e anche lei per me era come un'altra mamma, in tante cose mi ricordava la mia.

Simonetta è una donna di un'eleganza superba, quasi regale. Durante l'intervista, sono rimasto molto sorpreso di come sia riuscita a parlare con tanta emozione ma con una classe e un autocontrollo incredibili. È una donna di grande forza d'animo, è probabile che Riccardo abbia ereditato proprio da lei la tempra.

Quando l'ho intervistata, le ho chiesto come stesse vivendo questo momento difficile e lei mi ha risposto: *"Ogni tanto mi faccio il mio 'piantino', ma poi bisogna andare avanti"*. Ha ben novantaquattro anni, e dentro di me ho pensato: *"Poche persone in una situazione del genere, alla sua età, avrebbero reagito così!"*

L'ENFANT TERRIBLE

Simonetta, mi racconti del Riky bambino? Com'era?

Riky era un bambino bellissimo. Quando è nato anche i medici mi hanno detto che era un bambino perfetto, proporzionato, così bello che tutti in ospedale mi facevano i complimenti.

Wendino

Queste parole mi hanno emozionato, le parole di una mamma orgogliosa che ama il suo bambino e che, per prima cosa, ricorda quanto fosse bello.

Fin da piccolissimo, Riccardo è sempre stato uno spirito ribelle, un bambino con un'inesauribile energia che sfidava le regole senza timore. Amava molto gli animali, spesso stava con loro, e aveva una variegata collezione di peluches a cui dava da mangiare ogni giorno. Il suo preferito era Wendino, un orsacchiotto. Ce l'ho ancora qui con me, Riky l'ha sempre conservato.

Riccardo non è andato all'asilo, non ci voleva assolutamente andare! Quando qualche mattina insistevo ad accompagnarlo a scuola, si dimenava, urlava a squarciagola con tutta la voce che aveva e, se provavo a farlo rimanere e me ne andavo, dava di matto al punto che le maestre mi chiamavano disperate per dirmi di andarlo a prendere!

Non amava la scuola, gli piaceva tanto stare con gli altri bambini. Venivano spesso a trovarlo i figli di un amico di mio marito. Andavano in giardino e stavano lì ore intere a giocare. Era la scuola a non piacergli, non i bambini. Era bravo nelle lingue straniere, soprattutto per l'inglese era molto portato.

Andava pazzo per le automobili, passava ore a giocare con le sue macchinine, a esplorare ogni dettaglio. Ogni volta che gliene regalavamo una nuova, lui non esitava a smontarla per scoprire come fosse fatta all'interno, per poi rimontarla. Voleva capire come funzionasse e si divertiva a smontare e cambiare le ruote delle sue piccole auto.

Questa passione è poi passata ai motori veri. Qualche anno dopo, da ragazzo, si cimentava nel riparare motorini, aveva una grande capacità di trovare soluzioni creative tutte sue.

Era vivacissimo, di un'esuberanza unica! Alle medie lo mettevano sempre in punizione, chi lo sa cosa combinava! Non era attento, non studiava, a casa non voleva fare i compiti. Alle superiori lo iscrissi all'istituto dei Gesuiti del nostro quartiere, ma niente da fare. Non lo volevano, perché era indisciplinato e pestifero. Hanno tentato più volte di cacciarlo dalla scuola. Anche se i suoi temi facevano il giro dell'istituto per quanto erano belli. Nonostante la sua poca disciplina, in inglese e in italiano era proprio bravo. Avrebbe potuto prendere bei voti in tutte le materie, ma era la sua personalità ribelle a farlo sentire fuori posto in certi ambienti.

Per lo stesso motivo lasciò l'università. Si iscrisse, ma non ci andò mai, così decise di rinunciare e fare le prime esperienze lavorative.

Riccardo all'università? Questa proprio non me la immaginavo! Così come non mi sarei mai immaginato che Riccardo per un po' avesse fatto il paracadutista. Ma avrei dovuto: se un'attività prevedeva adrenalina e pericolo, Riky sicuramente l'avrebbe sperimentata.

Si è buttato in un sacco di cose: dal lavoro nelle campagne alle vendite. Davvero, ne ha provate di tutti i tipi! Le sue esperienze lavorative duravano sempre poco. Ricordo la più breve: in un'agenzia immobiliare resistette due giorni! Il titolare lo aveva assunto per occuparsi di raccolta dati. Riccardo fermo ore intere al computer? Manco a pensarci!

Poi iniziò l'epoca delle vendite. Riccardo conobbe Andrea proprio durante una di queste esperienze e divennero subito grandi amici. La loro amicizia proseguì anche dopo la fine di quella parentesi nell'azienda che li aveva fatti conoscere e divennero un po' come il gatto e la volpe, se ne inventavano ogni giorno una nuova! Hanno venduto un po' di tutto e hanno fatto tantissime cose insieme, erano due giovani ragazzi ambiziosi e con la voglia di realizzare qualcosa di grande.

Quella ribellione interiore, quello spirito da eterno ragazzino erano l'energia straordinaria che lo ha spinto a cercare il suo posto nel mondo, e alla fine lo ha trovato. Il ragazzo ribelle, a cui non bisognava mai dire "DEVI", è diventato il grande uomo d'affari che sognava fin da bambino. La sua camera era tappezzata di fogli con scritto "DEVO, VOGLIO, POSSO". Era la sua regola di vita.

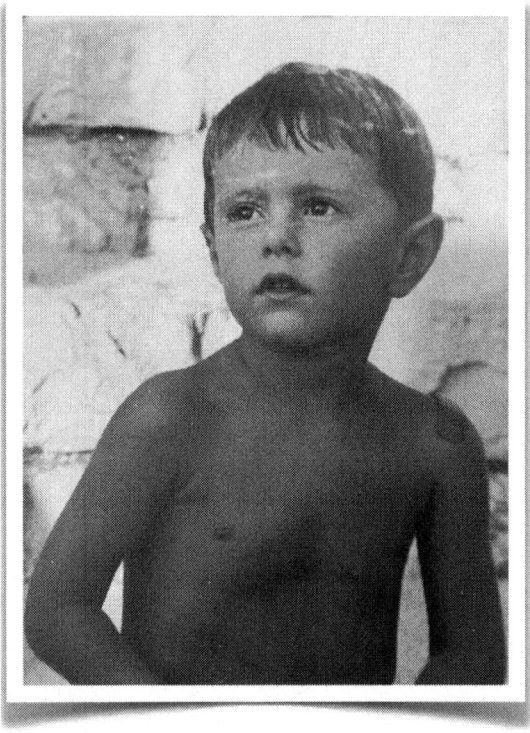

Riccardo da bambino

La passione per il mare e la vela

La sua passione per il mare è stata probabilmente ereditata dalla nostra famiglia. Erano tutti "uomini di mare", compreso mio marito.

Riccardo ha vissuto intensamente il mare fin da bambino, nel fine settimana spesso trascorrevamo intere giornate in barca. Lui si divertiva tantissimo a giocare e nuotare in compagnia con il figlio di nostri amici.

Un giorno, neanche ventenne, tornò a casa e mi disse: "Mamma, io e il mio amico Gianni abbiamo comprato una barca insieme". Si trattava di una barchetta tutta rotta, non so dove volevano avventurarsi! Di fatto, insieme, lui e Gianni misero completamente a posto quel rottame per poter uscire in mare. Fu così che imparò a navigare, a manovrare le vele, a leggere le stelle e a interpretare i segnali del mare con la bravura di un vero capitano.

Piano piano, a partire da quel rottame, Riky è riuscito ad avere barche sempre un po' più grandi, fino ad acquistarne una a vela da dodici metri, rimasta il suo grande amore. A un certo punto si comprò un catamarano. Gli facevo notare quanto fosse bello, così elegante... "importante". Lui, però, mi rispondeva sempre: "Sì, ma la barca a vela è un'altra cosa".

Poi iniziò con le traversate atlantiche. Ogni viaggio in mare aperto era un'avventura, un'opportunità per mettere alla prova le sue abilità, la sua resistenza e il suo coraggio di fronte alle tempeste e alle sfide che il mare riservava. Ogni volta che solcava le onde, si sentiva libero, vivo, in armonia con l'immensità dell'oceano che lo circondava.

La sua vita è stata molto simile al rapporto che aveva con il mare: una lunga avventura, un viaggio senza fine alla ricerca di nuove rotte, di nuove sfide da superare e di nuove terre da esplorare.

Il mare era il suo posto preferito al mondo, ne subiva un richiamo fortissimo. La sua barca, Muzicat, è ancora lì in Sardegna, dove l'ha lasciata l'ultima volta. Anna, la sua compagna, ha voluto tenerla in quel posto che Riky tanto amava, lo stesso posto in cui in fondo al mare riposano le sue ceneri, proprio lì, nel punto in cui si fermava spesso. In questo modo lui e Muzicat sono rimasti uniti.

Ero affascinato dal fatto che il racconto di Simonetta fosse pieno di dettagli che, pur non conoscendo, descrivevano l'anima e la personalità di Riccardo nel profondo. Era proprio lui. Non perdeva un momento per andare per mare! Niente e nessuno gli avrebbe mai impedito di farlo.

Il grande cuore di Riccardo

> *Riccardo era un ragazzo solare, faceva amicizia con tutti. Faceva sorridere le persone. Era generoso, un'anima gentile a cui piaceva aiutare chi aveva bisogno.*
>
> *La sua generosità non si fermava in Italia: lui e Anna, per diversi anni, sono andati in Kenya dove facevano visita a un orfanotrofio che sostenevano a distanza. Lì trascorrevano del tempo con i bambini ospiti di quella struttura. In particolare, ce n'era uno a cui erano molto affezionati che si chiamava Prospero. Avrebbero desiderato tanto adottarlo e portarlo in Italia ma, non essendo sposati, non fu possibile.*

A quel bambino Riccardo ripeteva sempre di avere dei sogni e oggi, in Prospero, ormai divenuto ragazzo, quelle parole hanno acceso un sogno grandissimo che ha confidato ad Anna: diventare pilota di aerei.

Quella che Simonetta ha raccontato è una parte di Riccardo molto umana. Fu proprio la sua voglia di aiutare e di donare il sorriso che lo spinsero, insieme ad Anna Marras, a dare vita a un'iniziativa unica: i Supereroi Acrobatici.

Era gennaio 2016 quando un gruppo di operai di EdiliziAcrobatica ha indossato per la prima volta i costumi da Supereroi e, calandosi dal tetto dell'Ospedale Bambin Gesù di Roma, ha riempito di stupore gli occhi dei piccoli pazienti che assistevano increduli dalle loro stanze all'arrivo di Spiderman, Ironman, Hulk, Superman, Batman e Capitan America.

L'emozione di quel giorno, intensa e indimenticabile per gli operatori e per tutta l'azienda, è stata fortissima e ha fatto sì che, in breve tempo, si potessero organizzare altre calate di Supereroi in ogni ospedale italiano che ne facesse richiesta. Tutto, sempre, come volontariato gratuito, per il semplice e sincero piacere che si prova nel vedere lo sguardo di un bambino illuminarsi di gioia e leggere sulle labbra dei suoi genitori quel "grazie" silenzioso per l'attimo di spensieratezza condiviso.

In questi anni i Supereroi hanno fatto centinaia di apparizioni in diversi ospedali, dal nord al sud del Paese, e oggi si è costituita una vera e propria associazione, "SEA - SuperEroiAcrobatici".

All'inizio anche Riccardo si calava, nei primi eventi era sempre in campo insieme ai suoi Supereroi Acrobatici. In uno di questi, in Sicilia, rimasi colpito da una sua risposta. Vestito da Uomo Ragno, l'inviata della nota trasmissione *Striscia La Notizia*, Stefania Petyx, chiese chi fosse il proprietario dell'azienda per intervistarlo. Era un'occasione di grandissima notorietà, ma Riccardo rispose in modo molto gentile che a lui non interessava apparire e che avrebbe preferito che intervistasse i suoi collaboratori. Sebbene fosse un uomo che non provava alcun disagio davanti alle telecamere, voleva rendere protagonisti di quel momento i suoi ragazzi.

Riccardo vestito da Uomo Ragno

2.

L'AMICO

2. L'AMICO

Quella che leggerai non è solo la storia di una grande amicizia, ma il racconto di un osservatore che ha visto con i suoi occhi — e ha partecipato alla realizzazione — di un sogno, che si è rivelato davvero un'impresa eroica. Oltre a narrare del pezzo di vita che abbiamo condiviso insieme e della sua personalità unica attraverso i miei occhi, ho voluto raccontare del "Riccardo-amico" anche attraverso le testimonianze di altri amici che lo hanno vissuto intensamente. Tutti i nostri racconti insieme sembrano comporre un ritratto a colori con mille sfumature di Riccardo.

Iniziamo dalla mia storia e da quella di Riky, l'incontro di due sognatori che volevano cambiare il mondo e che sono diventati amici proprio per ciò che li accomunava.

Ho conosciuto Riccardo nel dicembre 1984. All'epoca ero manager della stessa azienda in cui lavorava anche lui. All'improvviso, una sera, mi arrivò una chiamata in cui mi comunicavano che mi dovevo trasferire da Bologna a Genova dalla sera alla mattina. Fu in quell'occasione che incontrai per la prima volta Riky. Eravamo due ragazzini, lui aveva diciotto anni, io poco di più. Fin da subito, incrociando il suo sguardo, mi fece un'impressione incredibile: ha sempre avuto una luce particolare negli occhi, la luce dell'entusiasmo. Trasmetteva una carica straordinaria, la sua energia trapelava letteralmente dallo sguardo.

Abbiamo lavorato insieme per circa tre mesi e, da lì in avanti, non ci siamo più lasciati. Avevamo in comune entusiasmo e follia, eravamo due sognatori pieni di vita e ambiziosi. Ci guardavamo e ci dicevamo: *"Faremo qualcosa di grande, ribalteremo il mondo, faremo un pacco di soldi, avremo successo"*. Poi uno dei due replicava: *"Sì, ma cosa facciamo?"*, e l'altro: *"Che caspita ne so? Qualcosa faremo e sarà qualcosa di veramente grandioso!"*

Subito dopo aver cospirato sulla grandezza dei nostri progetti, di solito io concludevo chiedendogli: *"Sì ok, Riky, ma tua mamma ce lo fa un piatto di pasta stasera? Perché non abbiamo un soldo!"*

Anche se non avevamo una lira in tasca, cercavamo sempre di combinare qualcosa, caricandoci a vicenda con quelle parole: *"Un giorno faremo grandi cose, spaccheremo il mondo!"*

Avevamo la consapevolezza che ce l'avremmo fatta, a fare cosa non si sa, non ne avevamo la minima idea, ma ce l'avremmo fatta!

Non è un caso che, da un certo momento in poi, amici e colleghi iniziarono a chiamarci "quelle due simpatiche teste di c****". Eravamo quelli che oggi si chiamano "partner in crime". Così diversi eppure così simili, complici, accomunati da un destino fatto di vette da scalare, terre nuove da scoprire e molti mari da attraversare.

Nel cuore di ogni grande avventura e di ogni innovazione straordinaria ci sono spesso tre – quattro ingredienti fondamentali: sogni audaci, creatività, determinazione e... voglia di riscatto. Per me e Riccardo l'avventura era un modo di vivere, eravamo sempre pronti a metterci in gioco, a rischiare, a spingerci oltre. Il nostro motto era "SOGNA E OSA".

Sognare in grande è sempre stato uno dei tratti unici e straordinari della personalità di Riccardo. Sapeva che c'era sempre un traguardo più ambizioso da tagliare e una meta più grande da conquistare. La sua mente era costantemente proiettata verso il futuro. Non si accontentava mai di ciò che aveva raggiunto, si spingeva sempre oltre i propri limiti, sfidando sé stesso e incoraggiando anche gli altri a dare il meglio.

I suoi sogni si materializzavano in una passione travolgente per ciò che faceva, un impegno totale e una dedizione senza limiti verso i suoi progetti.

Riccardo è l'uomo più coraggioso che abbia mai conosciuto. Per lui, il coraggio non era solo buttarsi in un'avventura, era correre il rischio, sentire la scarica di adrenalina.

Volava spesso con il suo aliante e, sebbene fosse caduto ben due volte in volo, ci salì di nuovo! La prima volta fu costretto a un atterraggio d'emergenza, capitolando in un campo di granturco e rovinando sia l'aliante che il campo. Quando me lo raccontò rimasi scioccato, senza parole. Poi, solo poche settimane dopo, tornò alla guida dell'aliante e per un problema meccanico — si ruppe il gancio di traino quando si trovava troppo in basso per poter completare il decollo, ma troppo oltre la pista per poter atterrare — dovette compiere un altro atterraggio d'emergenza, grazie al suo estro che ancora una volta lo mise in salvo.

Ci fu qualche danno all'aereo ma lui rimase illeso, si prese solo un forte spavento. Dire che ne rimasi sorpreso è dire poco, ma la cosa eccezionale fu la sua decisione di ritornare immediatamente a volare. Decise di farsi affiancare da un istruttore e risalì subito a bordo del suo aliante, dicendomi: *"Andrea, ho deciso subito così, altrimenti so che non avrei più avuto il coraggio di farlo"*.

Una volta in Sardegna, affittammo un Hobie Cat, un catamarano a vela. Poco prima di partire, il tempo mutò e tutti iniziarono a rientrare, gli stessi istruttori ci consigliarono di non uscire, ma Riky non ne volle sapere. Salì sulla barca e invitandomi a fare lo stesso, mi disse: *"Non li ascoltare, sono dei cagasotto"*. Di lì a qualche minuto ci ritrovammo in mezzo a una tempesta e, come si dice in gergo marinaro, scuffiammo, ossia ci ribaltammo.

In mezzo a una tempesta di vento e di acqua stavamo andando alla deriva, lontano dalla costa, senza la possibilità di contattare nessuno. Ci volle più di mezz'ora per raddrizzare la barca, per poi guadagnare finalmente la riva sani e salvi. A quel punto lo insultai per bene per tre minuti, poi scoppiammo insieme in una fragorosa risata. Gli volevo talmente bene che non riuscivo a fare la parte dell'arrabbiato per più di qualche secondo.

Riccardo faceva esattamente il contrario di quello che gli dicevano o consigliavano gli altri. Se qualcuno gli diceva "non si può fare", stai sicuro che lui lo avrebbe fatto. Era anticonvenzionale, controcorrente. Andò così anche per la quotazione in borsa di EdiliziAcrobatica.

Nel periodo in cui stava pensando di quotarsi in borsa, un giorno venne da me e mi rivelò: *"Andrea, voglio fare la quotazione, tutti mi dicono che è difficilissimo e mi sconsigliano di farla, tu cosa ne pensi? Attento però, non mi dire anche tu che non si può fare e che dovrei volare basso, che mi sono montato la testa e che rischio di disfare tutto quello che ho costruito fino a qui, altrimenti mando a quel paese anche te!"*

Odiava tutti quelli che ripetevano "non si può fare", "è difficile", "è pericoloso", "è meglio essere prudenti". La prudenza e il volare basso non erano nella sua natura.

Questo suo coraggio, se da un lato gli ha permesso di realizzare cose straordinarie, dall'altro lo ha portato talvolta a cacciarsi nei guai, ma lui non ha mai avuto paura di nulla, neanche della morte. Era un ribelle, rompeva le regole, odiava tutto ciò che era "normale".

Quando si metteva in testa qualcosa, niente e nessuno poteva porsi tra lui e ciò che desiderava. Tra banche e consulenti, la burocrazia estrema e la complessità di competere con i grandi della Finanza, lui non si arrese neanche per un istante. Fece così anche quando si mise in testa di imparare a volare. Una cosa decisamente non banale, che richiede, oltre a una grande dose di coraggio, svariate competenze tecnico-scientifiche. Prendere un brevetto di volo non è cosa da tutti i giorni!

Era un uomo arguto e intelligente, capiva le cose in un battito di ciglia, anche quelle più difficili. Riusciva ad assimilare concetti e nozioni in un attimo, assorbiva tutto come una spugna e poi agiva di conseguenza. Se fino a pochi secondi prima ti diceva che non ci capiva niente di finanza e investimenti, stai ben sicuro che poco dopo aveva già ascoltato le parole dei più esperti o letto i manuali dei migliori. Analizzava i problemi e trovava sempre la soluzione più efficace per risolverli. Grazie alla sua genialità, intelligenza e scaltrezza, Riccardo ha raggiunto livelli di successo straordinari, dimostrando che una mente brillante può aprire le porte a un mondo di opportunità.

La perseveranza e la determinazione incrollabile di Riccardo sono state le qualità che gli hanno permesso di superare le sfide più ardue. Era geniale, creativo, in grado di cogliere intuizioni in un lampo. Riccardo non aveva estro, lui ERA L'ESTRO.

Il suo estro si esprimeva in ogni piccola o grande cosa. Lui era quella persona che con la sua creatività e inventiva riusciva a trovare sempre una soluzione.

Un giorno, lo contattai e gli dissi: *"Riky, ho un problema. Mi sono comprato un Mercedes con l'hard top rigido, ma dobbiamo essere in due per alzare il tetto della macchina. Avrei sempre bisogno di un'altra persona per togliere il tetto. E poi, il tetto, una volta tolto dove lo appoggio, in cortile?"*

Allora Riky mi rispose: *"Guarda, non preoccuparti, vengo e la sistemo".*

Attraverso un sistema composto da quattro piccole carrucole a fune, come per il muratore acrobatico che si alza con le corde, si inventò un modo per far sì che io, in autonomia, potessi togliere e rimettere l'hard top dell'auto senza alcuna fatica. Una fune all'angolo del garage alzava la capote che rimaneva sospesa, senza aver più bisogno di appoggiarla da qualche parte. Semplice ma geniale. Sicuramente non è una cosa che puoi trovare in commercio, sicuramente non è una cosa che mi sarei mai potuto costruire da solo.

Pur essendo un uomo ricco e di grande successo, era un uomo semplice: andava a fare la spesa, si preparava da mangiare da solo e non voleva la presenza di nessun mozzo sulla sua barca, voleva pensarci lui. Spesso gli dicevo: *"Riky, perché non prendi qualcuno che ti aiuta?"*, e lui mi ribatteva: *"Cosa? Un estraneo sulla mia barca? No, ci penso io!"*

Era felice con le piccole cose: una spiaggia, un tramonto, una chiacchierata con un amico, un giro in barca a vela. Spesso lo raggiungevo in barca in Corsica o in Sardegna, mangiavamo un pasto cucinato da lui e trascorrevamo molto tempo insieme. La notte era un momento magico, fatto delle nostre chiacchierate sotto il cielo stellato. Quei giorni diceva sovente: *"Non voglio niente più di questo. Tutto ciò non si può comprare!"*

Riky era così, un po' folle e imprevedibile, non sapevi mai cosa aspettarti da lui! Chi lo ha conosciuto e vissuto come amico può confermare che ogni incontro con lui era una sorpresa, un viaggio emozionante nel mondo dell'inaspettato e del divertimento. La sua comunicatività contagiosa, la capacità di coinvolgere chiunque con la sua energia travolgente e il suo spirito libero lo rendevano una persona fuori dagli schemi e dalle formalità.

Con Riccardo potevi aspettarti di tutto e in qualsiasi momento. Ti diceva che usciva un attimo a spostare la barca e poi lo ritrovavi in Corsica oppure, se partivamo insieme per una vacanza, all'improvviso spostava la data di rientro e tornava dopo.

Tra i viaggi imprevedibili e indimenticabili ce n'è uno in particolare che non potrò mai scordare. Era l'inizio di agosto del 1990 e Riky mi propose di fare qualche giorno di meritata vacanza. Nonostante le nostre finanze all'epoca fossero un po' in crisi, decidemmo di partire lo stesso con la sua vecchia moto per andare ad Alassio, a pochi chilometri da Genova, dove lui abitava. Comodo, economico, facile.

Troppo per uno come lui! Appena arrivati là, infatti, mi disse: *"Vabbè, ma cosa facciamo qui? Andiamo un po' all'avventura! Ci allunghiamo di qualche chilometro e arriviamo in Francia. Dai che partiamo!"*

Ci alternammo alla guida di quel cassone di BMW tirando come dei pazzi. Vibrava come una foglia al vento! Io avevo rimediato un vecchio casco più grande di due misure che mi ballava in testa, rischiando di sfilarsi da un momento all'altro. Arrivati a Nizza, Riccardo proseguì: *"Ma cosa facciamo qui?! Dai, andiamo più avanti verso Juan-les-Pins!"*

Non avevamo l'attrezzatura adatta per fare un viaggio così lungo in moto. Le nostre t-shirt erano lacerate dal vento e quando viaggiavamo di notte spesso dovevamo fermarci per il freddo e per la pelle frustata dall'aria. Il giorno dopo Riky mi guardò e continuò: *"Vabbè, ma cosa facciamo qui? Siamo vicini alla Spagna, mi hanno parlato di un posto molto bello vicino a Barcellona, Blanes, andiamo là!"*

Dopo un viaggio rocambolesco arrivammo finalmente a destinazione e, una volta fermi, gli dissi: *"Attento, io non mi muovo più di qua! Non ci provare a dirmi cosa facciamo qui, perché torno a piedi!"*

Nonostante la fatica di quel viaggio, era uno spasso stare con lui, imprevedibile in ogni cosa e in ogni momento, una semplice uscita diventava una serata di pazzie e risate infinite, non mancava mai occasione per una delle sue follie.

Una sera, passeggiando nel centro di Blanes, all'improvviso, in pochi minuti lo persi, mi girai e non lo vidi più, era sparito! Non avevamo i telefoni cellulari in quegli anni, quindi ritrovarsi era davvero complicato. Dopo due ore di ricerche in ogni dove, tornai in albergo a piedi (a tre chilometri dal punto in cui eravamo) e lo trovai lì. Appena lo vidi, gli dissi: *"Riky, ma dove sei andato? Perché sei sparito?"*, e lui: *"Eh sai, ho visto un locale, sono entrato e poi mi sono perso lì per un po'!"*

Questo era Riky, potevi aspettarti qualsiasi cosa tranne una cosa normale!

Il viaggio di ritorno è rimasto nella mia memoria come uno degli incubi più grandi della mia vita, tutta una tirata da Barcellona a Genova fermandosi solo per fare rifornimento e mangiare un boccone. Si era messo in testa che dovevamo tornare battendo un record. Una pazzia. Mi tremano ancora le braccia e mi sbatte la testa al solo pensiero di quel viaggio allucinante.

Questo era Riky.

Riccardo ed io

UN IMPREVEDIBILE, FOLLE, SIMPATICO, ESAGERATO AMICO

Ma dietro a quell'aspetto folle e imprevedibile si celava anche un cuore generoso e una persona in grado di farti sentire vivo e libero di essere te stesso. Nella vita di ognuno di noi, ci sono persone che incarnano lo spirito dell'avventura, che sfidano il pericolo con coraggio e determinazione, senza timore o esitazione, e Riccardo ne è stato per molti l'esempio in persona.

Nelle righe che seguono, leggerai le parole del suo amico di sempre, Luca Catalano. Lui e Luca erano molto legati, sono cresciuti insieme. Erano davvero due opposti: Luca era quello pacato e tranquillo, Riccardo era quello eccessivo e ribelle. Ho conosciuto Luca appena ho iniziato a frequentare Riccardo, subito abbiamo fatto gruppo. Abbiamo trascorso tanti bei momenti divertenti tutti e tre. Una serata tranquilla si trasformava ogni volta in un'avventura indimenticabile.

I loro caratteri, completamente diversi, si compensavano alla grande. Sono rimasti amici, seppur a distanza, per una vita intera. Erano un punto di riferimento l'uno per l'altro, un porto sicuro dove trovare comprensione e supporto. Nel racconto di Luca, scoprirai che Riccardo era, fin da ragazzino, lo stesso che abbiamo conosciuto noi più grande, qualche anno dopo.

UN GENIALE E INTREPIDO RAGAZZINO

Luca, come vi siete conosciuti tu e Riky? Com'è nata la vostra amicizia?

Io e Riky ci siamo conosciuti quando eravamo solo due ragazzini, avevamo circa undici – dodici anni, grazie a un mio cugino che viveva vicino casa sua. Grazie al pallone e alla bici-

cletta ci siamo legati in pochissimo tempo. Tra di noi è infatti subito scoppiata un'amicizia molto forte. L'anno successivo, suo padre mi portò in vacanza in barca per un mese tra Corsica e Sardegna insieme alla sua famiglia.

Di esperienze come queste ne abbiamo fatte tante fino ai nostri diciotto anni. Diventati maggiorenni, abbiamo iniziato a uscire da soli in mare e trascorrevamo, ogni anno, le vacanze in barca.

Fin da giovanissimo Riccardo sognava di costruire una grande azienda, di fare qualcosa di grande. Era intelligente, spavaldo, coraggioso e temerario, uno che sfida il pericolo senza timore o esitazione. Voleva primeggiare, ma non era in competizione con gli altri, voleva essere il migliore per dimostrare a sé stesso di essere forte.

Fin da ragazzo, intelligenza e manualità erano le sue doti spiccate. Riparava le Vespe degli amici. Era in grado di smontare e rimontare un motore facendo i suoi "magici aggiusti". Non solo. Sapeva "truccarli" per farli correre di più.

Voleva essere il più veloce di tutti, e con la sua Vespa, addirittura, faceva una cosa incredibile: dopo aver truccato il motore, a volte, metteva la benzina dell'aeroplano per farla andare ancora più veloce!

Anche se quella forzatura, dopo la corsa, lo spingeva a passare giorni a smontare il motore e ripulirlo tutto per non dover buttare via la Vespa. Ma quel minuto di gloria, per lui, valeva tutto lo sforzo.

Per questa sua peculiarità, gli dedicammo anche il verso "Quel gran genio del mio amico che con un cacciavite in mano fa miracoli" di Lucio Battisti. Non si tirava mai indietro, diceva sempre "Sì, lo so fare!" Smontava, rimontava e poi, se avanzava qualche vite, esclamava: "Fa lo stesso, queste non servono a nulla!"

Facevate delle gare con le Vespe?

La gara più divertente di Riky era la fuga dai vigili urbani. Era impossibile non notare la sua Vespa, nera con la sella in pelle bianca e il rumore di un evidente motore truccato. La sfida era non farsi prendere e per il vigile che gli dava la caccia più di frequente, che avevamo soprannominato il "biondino", era acchiappare "Nuvola nera".

Come in un cartone animato, Riky riusciva sempre a farla franca, "Nuvola nera è scappato ancora".

Aveva coraggio da vendere. Una volta da ragazzini, durante una vacanza in barca in Corsica, il papà di Riccardo ci chiese di scendere sulla terraferma per cercare un supermercato per fare cambusa. Approdati, vedemmo a pochi metri l'ingresso di un resort. Riky mi guardò e prima di entrare disse: "Seguimi e saluta con un bel sorriso!" Ricky mi fece strada salutando tutti come se fosse un ospite del resort. Ci accomodammo e facemmo una ricchissima colazione a scrocco! Finito, salutammo nuovamente, sempre sorridendo, e tornammo sulla barca raccontando a suo padre che non avevamo trovato nessun supermercato aperto. Lui era così! Non aveva paura di nulla, ed era così già a quattordici anni!

Dalle parole di Luca ho scoperto che il suo famigerato estro era già molto sviluppato da ragazzino e che avevamo in comune fin da giovanissimi la passione per i motori.

La sua temerarietà non era frutto di superficialità, ma di una profonda forza interiore, lui era sicuro di sé, aveva la voglia e la capacità di superare anche le sfide più difficili. Il suo modo di essere suscitava in me ammirazione e a volte anche un po' di preoccupazione.

Per Riccardo non esistevano ostacoli, ma sfide, opportunità per dimostrare il suo coraggio e la sua determinazione. Non c'era montagna troppo alta, mare troppo tempestoso o avventura troppo rischiosa che potesse fermare il suo desiderio di conquistare il mondo, di vivere ogni istante come se fosse l'ultima avventura della sua vita.

La sua audacia non si limitava a sforzi fisici o a sport estremi: era un'anima che affrontava anche le sfide emotive con la stessa determinazione e lo stesso ardore. È grazie a tutto questo che è riuscito a creare e far crescere quella che oggi è Acrobatica.

Spesso si associa l'audacia a un comportamento imprudente o rischioso ma, come ha dimostrato Riccardo con la sua storia, l'audacia può essere una qualità straordinaria che porta a raggiungere risultati incredibilmente grandi. Riccardo, infatti, trasformava il rischio in opportunità, aprendo nuove strade verso il successo. La sua abilità di guardare in faccia la paura, di vivere l'incertezza con fiducia, di superare i momenti difficili con resilienza, lo rendevano un esempio di forza e di coraggio per chiunque ha avuto la fortuna di conoscerlo.

L'ambizione aveva un nome: Riccardo Iovino

Confrontandoci sul nostro passato, io e Riky abbiamo scoperto di essere cresciuti entrambi con un qualcosa che ci ha fatto fare la differenza nel nostro percorso: la voglia di riscatto, quello che io chiamo **"ardente desiderio"**.

Da dove nasce l'ambizione di Riccardo? Perché voleva a tutti i costi diventare qualcuno e realizzare grandi cose? Luca, durante la nostra chiacchierata, mi ha raccontato le origini di quella fame:

Io e Riky siamo cresciuti in un quartiere benestante di Genova. Quei quartieri in cui le persone si muovono sui macchinoni e hanno uno stile di vita molto agiato. Le nostre famiglie, per una serie di vicissitudini, non avevano più le possibilità economiche del nostro vicinato, io e lui avevamo sempre molto meno degli altri.

Riky desiderava a tutti i costi riscattare quella condizione. Animato da questa sete insaziabile di realizzazione, riconoscimento e prestigio, si è immerso in tante esperienze diverse, mettendosi in gioco nella sua ricerca del successo, ed è stato davvero un grande esempio di determinazione e perseveranza: nonostante i tentativi, le sfide e le delusioni, non ha mai mollato e ha insistito nel cercare la propria strada, finché finalmente non l'ha trovata. Quella fiamma ardente di ambizione lo spingeva a cercare costantemente nuove opportunità, a buttarsi in tante cose. Sognava in grande e voleva "fare il botto" e alla fine ci è riuscito.

Il primo ingrediente della ricetta vincente di Riccardo è stato crederci fino in fondo. Non quando è facile, ma crederci quando non lo fa nessuno, quando il sogno è lì sulla carta ma non è ancora esploso, quando all'inizio perdi i soldi e non vedi risultati. Questo fa la differenza, questo ha fatto Riccardo.

Era un "mago delle soluzioni", trovava sempre un modo per superare gli ostacoli e raggiungere i propri obiettivi, indipendentemente dalle circostanze. Anche nelle situazioni più difficili, tirava fuori dal cilindro una soluzione creativa per farcela. L'ambizione e la determinazione lo portavano a una risolutezza inarrestabile, a quel coraggio di prendersi il rischio pur di realizzare a tutti i costi ciò che aveva in mente.

Da ragazzini e fino a un certo punto della nostra vita, lui ed io stavamo sempre insieme: ci vedevamo tutti i giorni, mangiavamo e facevamo anche le vacanze insieme. C'era un rapporto fraterno, intimo. Ogni volta che era possibile condividevamo del tempo insieme.

Poi, a un certo punto, io mi sono trasferito a Milano per lavoro e abbiamo iniziato a vederci molto meno. La lontananza fisica ci ha separato geograficamente, ma non ha mai intaccato la solidità del legame che ci univa. A volte trascorreva molto tempo senza che ci vedessimo. L'ultima volta è stata qualche anno fa. Cenammo fuori e parlammo del più e del meno. Continuavamo comunque a tenerci in contatto con le nostre telefonate.

Durante quelle chiacchierate avvertivo che, nonostante avesse realizzato tutto quello che si era prefissato, c'era qualcosa che gli mancava. **Era riuscito a fare quello che voleva, ma non era come se lo aspettava.** *Nonostante ciò, il voler fare sempre di più, il desiderio di realizzare qualcosa di ancora più grande era più forte di qualsiasi altra cosa, era ossessionato dal successo.*

Riccardo non riusciva a vedere altro. Quando lo sentivo particolarmente stanco o preoccupato, provavo a farlo riflettere: "Perché non rallenti?", gli chiedevo.

Io non ero l'amico simpatico, ero l'amico razionale, quello che ti fa ragionare e ti fa mettere la testa a posto, che vuole portarti sulla retta via. Quando lo sentivo scalpitare, gli ripetevo sempre: "Riccardo, aspetta, datti tempo, arriverai di sicuro!"

Ed è vero che Luca non aveva il ruolo dell'amico simpatico, ma non pensare che fosse quell'amico pesante, che ti ricorda i tuoi errori o ti tarpa le ali, tutt'altro. Luca è stato per Riky quell'amico responsabile e sincero che non ha paura di dire la verità, ma sempre complice di una personalità creativa e imprevedibile come quella di Riccardo, che ti stimola e ti incoraggia a fare bene.

Alla fine Riccardo **è riuscito a ottenere tutto quello che voleva, ma non era come se lo aspettava.** A volte diamo per scontato che determinate condizioni — avere tanto denaro, un aereo, una barca, avere la libertà di comprare tutto quello che ti passa per la testa — ci renderanno felici perché è "socialmente previsto", in realtà non è così. Anche se apparentemente poteva sentirsi super soddisfatto, io sentivo che nel profondo del suo cuore non era pienamente felice, e questo mi preoccupava. Pur avendo tutto, quello che ci rende davvero più felici è sentirci liberi e poter godere di ciò che amiamo. Riccardo in questo senso era moderatamente felice.

Nelle ultime telefonate ho avuto la sensazione che Riccardo non volesse più aggiungere niente alla sua vita, ma anzi volesse togliere qualcosa. Di più non vi posso dire!

Caro amico, vivi nel mio cuore! La nostra era e resterà un'amicizia vera, senza alcun interesse, irripetibile.

3.

L'IMPRENDITORE
E IL LEADER

3. L'IMPRENDITORE E IL LEADER

L'impresa realizzata da Riccardo merita di essere raccontata nei libri di storia. Molti credevano che la sua idea fosse fuori dalla portata umana, troppo "folle", ma lui non si è lasciato scoraggiare dalle critiche o dai dubbi altrui nemmeno per un secondo. Ha continuato a credere nei suoi sogni, a lottare per realizzare ciò che sembrava impossibile agli occhi di tanti.

La sua storia è un esempio di come la volontà umana possa piegare le leggi conosciute, trasformando un'idea quasi irragionevole, portare muratori a lavorare appesi a decine di metri di altezza, in realtà.

Non era follia, era genio, intuito, coraggio.

Sono trascorsi trent'anni da quell'idea che in molti credevano "assurda" e "impossibile" e oggi, in questo libro, racconterò di più di quel sogno e dell'uomo che l'ha realizzato.

Quell'idea geniale nacque da una passione, dallo spirito coraggioso di Riccardo e dalla sua attitudine al *problem solver*. Da sempre appassionato di vela, prendendo ispirazione da quel mondo, un giorno Riccardo ebbe un'intuizione destinata a cambiare per sempre la sua vita: le funi potevano essere utilizzate anche nell'edilizia per garantire sicurezza ai muratori e velocità di esecuzione nei lavori.

Era da poco tornato in Italia dai Caraibi, dove era stato in mezzo al mare per un anno e mezzo, quando mi disse che gli era venuta un'incredibile idea che avrebbe risolto un problema molto sentito a Genova e che avrebbe innovato per sempre il settore dell'edilizia: effettuare dei lavori di ristrutturazione leggeri.

All'epoca, molti edifici nel centro storico di Genova avevano tetti e grondaie in stato di decadenza, poiché non era possibile l'installazione di ponteggi lungo le strade del centro. Inoltre, anche laddove fosse stata possibile l'installazione, sarebbe stata per i proprietari una spesa molto onerosa.

Grazie all'intuizione di Riccardo, gli operatori avrebbero raggiunto le zone di intervento non grazie ai ponteggi e alle impalcature, ma a un sistema di funi che li manteneva in sospensione. Questo metodo aveva vantaggi oggettivi, dal punto di vista economico e anche di conservazione dell'estetica urbanistica. Zero ponteggi.

Prima di far compiere ad altri quell'impresa, come raccontava in una famosa intervista video, fu lui a testare personalmente il metodo. Incontrò una signora che aveva necessità di cambiare la grondaia della sua abitazione e le disse: *"Nessun problema, gliela cambio io!"*

Prima di recarsi da quella signora, fermò un ragazzo che lavava i vetri per strada e gli chiese se voleva dargli una mano per un lavoretto. Il ragazzo accettò e Riccardo, posizionando una cima sull'edificio, si imbragò e si calò dal tetto. Il suo metodo funzionò con successo. E fu così che nel 1994, Riccardo decise di fondare Acrobatica, rivoluzionando il modo di fare edilizia nel mondo.

Riccardo inventò un mestiere dal nulla, conosceva benissimo il mondo della vela, ma non sapeva niente di edilizia. Gli inizi furono durissimi. Non avendo alcun operaio su cui contare, fu proprio il papà di Riccardo, Umberto, ad aiutarlo. Quando c'erano delle richieste di lavoro, uscivano insieme con la macchina di Umberto, una vecchia 500 decappottabile. Caricavano i pluviali sull'auto, con parte di quei tubi che uscivano dal tetto durante il viaggio.

La capacità di Riccardo di mettere in pratica le idee e di tradurre le visioni in azioni ha trasformato una piccola attività di manovalanza, nata in un garage di Genova, in un'azienda multinazionale quotata in borsa, presente in Italia e in molti altri Paesi del mondo, con oltre 2.200 impiegati in tutta la rete.

Riccardo, un uomo pratico e operativo che amava agire sul campo, è diventato un imprenditore e un leader capace di coinvolgere migliaia di persone nel suo sogno.

Aveva un carisma eccezionale e possedeva la capacità di attrarre le persone e fare subito amicizia, era quello che chiameremmo "un compagnone". Aveva un'espansività tremenda che lo portava a rompere il ghiaccio con tutti, fin da subito era in grado di creare un rapporto di forte empatia.

Cercava il contatto fisico con gli altri, era il tipo di persona che ti dava una pacca sulla spalla, ti abbracciava, era una cosa che faceva con *nonchalance* anche con le donne. A volte questo suo modo di fare metteva in imbarazzo qualcuno, ma era un atteggiamento spontaneo, che faceva parte della sua naturalezza. Era bravo non solo a creare delle buone relazioni interpersonali, ma anche a mantenerle. La sua capacità di connettersi con le persone lo ha premiato molto nel ruolo di imprenditore, ha attirato nella sua azienda grandi campioni che hanno fatto la differenza nella crescita di Acrobatica.

I suoi uomini lo adoravano, anche se in alcuni momenti era molto duro, era capace di dare "smazzolate" pesantissime. Si aspettava che le cose venissero fatte bene, in velocità e senza scuse. Se qualcosa non veniva compresa e gestita in questo modo, capitava che si arrabbiasse diventando intrattabile, ma dopo un attimo tornava quello di prima, solare e scherzoso.

Era una macchina da guerra, sveglio, velocissimo e con quella luce negli occhi dei sognatori. Riccardo non voleva solo una sede di Acrobatica in tutto il mondo, ma voleva che tutte le persone si realizzassero e fossero felici. Lui e Anna hanno perseguito il progetto di crescita dell'azienda con l'intento di creare un ambiente di lavoro in cui ogni individuo potesse sentirsi valorizzato. Riccardo voleva una vita migliore per tutti i collaboratori.

Ha lasciato una grande squadra molto legata a lui. I manager e i collaboratori non erano visti come strumenti per raggiungere obiettivi economici, ma come veri e propri partner. In questo capitolo ho chiesto a Vincenzo Polimeni e a Simone Muzio, due dei manager che sono stati con lui fin dall'inizio, di condividere con noi il Riccardo che hanno conosciuto e vissuto come uomo, imprenditore e leader. Le loro testimonianze dimostrano che amare i propri collaboratori fa la differenza.

Riccardo parlava benissimo di Vincenzo, per lui è stato un pilastro fondamentale nell'espansione dell'azienda. Un ragazzo gentile e con tanta voglia di fare, al quale voleva bene come a un figlio. Per Riccardo, Vincenzo è stato una persona importante non solo per il contributo che ha dato in azienda, ma anche e soprattutto come essere umano.

PIÙ DI UN LEADER, UN VERO AMICO - VINCENZO POLIMENI

Ho conosciuto Riccardo alla fine del 2012. Ero un ragazzo di ventinove anni appena laureato in Architettura. Vivevo in Calabria, nella mia terra di origine, avevo già un lavoro, ma desideravo qualcosa di più.

All'epoca Acrobatica era ancora una realtà molto piccola, c'erano solo poche sedi, a Genova, Milano e Torino. Un giorno, navigando sul web, vidi un annuncio di lavoro in cui cercavano un responsabile tecnico per la start-up di Roma. Incuriosito, andai a vedere dei video su Youtube per capire cosa facessero questi tipi e scoprii che lavoravano appesi, poi, subito dopo, cercai il nome di Riccardo e trovai alcune sue in-

terviste che mi colpirono molto. Incantato da quel personaggio e incuriosito da quel nuovo modo di lavorare, inviai il mio curriculum e dopo pochissimo fui chiamato per il primo colloquio conoscitivo.

Arrivato a Roma per le selezioni scoprii che al colloquio c'erano centinaia di persone. Alla fine, scelsero un altro candidato. Mi chiamarono lo stesso ma per offrirmi una posizione nell'area commerciale. Io non ero interessato, così rifiutai. Feci, però, una richiesta: volevo comunque conoscere Riccardo.

Quando ci incontrammo per la prima volta, ascoltò attentamente la mia storia, cercando di capire le mie esigenze e soprattutto... colse la mia voglia di riscatto. La cosa che mi sorprese di più fu che lui era davvero interessato a me. Dopo avermi ascoltato per un po', mi disse: "Dai, allora partiamo?"

Fui assunto in azienda convinto di essere stato preso come responsabile tecnico, invece dopo venti giorni realizzai che ero un tecnico commerciale! Ero un architetto e non avevo mai venduto nulla, ma lui e Anna videro in me di più di quello che vedevo io e compresero il mio potenziale prima di me.

Grazie a quel piccolo "inganno" iniziò la mia inaspettata e lucente carriera in Acrobatica, alla guida di una Yaris che aveva trecentomila chilometri regalata da mio padre e con uno sgabuzzino come appartamento. Quello fu il mio punto di partenza verso la grande scalata in azienda, fino a diventarne il direttore commerciale.

Riccardo è stato al mio fianco in ogni momento. All'inizio uscivamo insieme a vendere, ricordo che andavamo agli appuntamenti con il motorino! Ogni mio successo era come fos-

se il suo, era proprio contento di vedere che, risultato dopo risultato, avevo cambiato la mia condizione di partenza.

Per me è stato molto più di un datore di lavoro, è stato un punto di riferimento, quella persona che c'era sempre, e anche nei "momenti no" aveva la capacità di aprirti la mente e riportarti a crederci e a entusiasmarti. Qualunque situazione problematica si presentasse, dopo un confronto con lui, tornavi a crederci perché lui, con il suo esempio, dimostrava che si poteva fare.

Ricordo di quando decise di espandersi ed ebbe l'idea della rete in franchising. Si rivolse ad alcuni guru per avere una consulenza e quando questi gli risposero che non si poteva fare, lui in tutta risposta mi disse: "Ora vado in America a chiedere come ha fatto un'altra azienda che fattura cento milioni di dollari, vediamo se non si può fare!"

Tornato dagli Stati Uniti mi chiamò carichissimo dicendo: "Ho capito tutto, ora partiamo! Ho già preso uno stand enorme alla fiera di Milano, siamo pronti per lanciare il nostro progetto in franchising!"

Dopo una chiacchierata con lui avevi un'energia differente, era un morso di ragno che ti contagiava di entusiasmo. Riccardo era un leader che sapeva ispirare e motivare, un uomo che metteva al centro delle sue azioni il benessere e lo sviluppo delle persone che lavoravano con lui. La sua capacità di motivare e far crescere i collaboratori, e i risultati che ha ottenuto con Acrobatica, dimostrano che il successo di un'azienda non dipende solo dai numeri, ma soprattutto dalla qualità delle relazioni umane e dalla capacità di credere nelle persone.

Ogni giorno con lui era un momento di apprendimento, era una crescita costante. Spesso, i rapporti tra capi e collabora-

tori si limitano al contesto professionale, ma con Riccardo non era così, si interessava davvero alle sue persone ed era sempre pronto ad aiutare. Per lui ogni individuo aveva la possibilità di riscattarsi e di dimostrare il proprio valore e raggiungere ciò che voleva. Era una cosa che lo gasava, adorava vedere i suoi collaboratori che, partendo da zero proprio come aveva fatto lui, crescevano e si realizzavano.

Era un imprenditore disposto a dare una seconda opportunità alle persone in cui credeva, come è successo a me quando, dopo aver lasciato per un periodo l'azienda, mi ha riaperto le porte affidandomi di nuovo un incarico di grande responsabilità.

Riccardo per me è stato un mentore ma anche un amico, i suoi insegnamenti andavano oltre alle competenze professionali, mi ha dato importanti lezioni di vita e mi ha trasmesso il suo amore per il mare e per la vela. Io riuscivo a comprenderlo e lui riusciva a comprendere me, sapeva esattamente quando esserci, anche se a distanza di migliaia di chilometri, lui riusciva a sentire l'esatto momento in cui avrei voluto confrontarmi con lui e... arrivava la sua chiamata!

Ma non è straordinario?!

Quello che non ho fatto in tempo a dirgli è: Ricky, stai tranquillo, il tuo sogno è in buone mani, tutti lavoriamo perseguendo quello che ci hai insegnato e vogliamo realizzare gli obiettivi che auspicavi per l'azienda.

Anche Simone Muzio è stato un pilastro per l'azienda e per Riccardo. Mi parlava di lui come una persona di grande responsabilità e di cui aveva una fiducia piena. Nel racconto di Simone ho scoperto che anche per lui Riccardo era più di un datore di lavoro, lo considerava una persona di famiglia.

NON SOLO UN LEADER, UN FRATELLO MAGGIORE - SIMONE MUZIO

Io e Riccardo ci siamo conosciuti nel 2007. Ero un giovane architetto di trentacinque anni alla ricerca dell'esperienza di cantiere. Tutto nacque da un annuncio: "azienda nel settore edile cerca responsabile di cantiere". Decisi di candidarmi e dopo poco mi contattarono per conoscermi.

Il primo colloquio fu nel famoso garage a Genova. C'erano sia Riccardo che Anna, salita da pochissimo a bordo di Acrobatica per occuparsi delle Risorse Umane. Fui io il suo primo inserimento! Quando mi presentai, vidi che era un garage e ne rimasi stupito. Oggi se ripenso a quello spazio così cupo, mi si accende vivida un'emozione positiva: in quel posto angusto, in realtà, c'era tanta luce, l'entusiasmo di Riccardo.

In quel garage, Ricky aveva un po' di tutto, la sua vecchia Vespa, una Mercedes scassata, un camion, una moto... non era un'azienda, era un deposito! Conoscendolo, ho scoperto che non buttava mai niente se gli piaceva, pensando: "Poi la riparo e ci faccio qualcosa".

Ho dei bellissimi ricordi degli inizi e, fin dal primo momento, notai una cosa davvero speciale di Riccardo: si vedeva quanto tenesse alle persone. Eravamo quattro o cinque in totale. Aiutava senza volere nulla in cambio e aiutava in silenzio, non si celebrava. A volte è capitato anche che aiutasse chi non conosceva bene e, in fondo in fondo, non se lo meritava.

Tra i numerosi episodi, ce ne sono alcuni molto particolari che riguardano gli inizi e possono far capire bene come era Riccardo. Lui aiutava gli altri anche prima di diventare l'imprenditore di una multinazionale da cento milioni di euro, aiutava come poteva e con tutti i mezzi che aveva a disposizione.

Quando abbiamo iniziato, con noi c'erano due ragazzi stranieri che volevano integrarsi in Italia. Riccardo offrì loro un lavoro e li aiutò a fare richiesta del permesso di soggiorno. Vidi con i miei occhi quando si sedette alla scrivania con loro collegandosi al sito con il suo computer per aiutarli a inviare la domanda, proprio come se lo facesse con un caro amico. O ancora, ricordo di una volta che aiutò un ragazzo tunisino che lavorava da poco con noi e che improvvisamente perse il padre, pagando il funerale e il viaggio per ritornare lì. Sono cose poco comuni da vedere in un imprenditore e difficili da dimenticare.

La sua bontà era una delle sue più grandi qualità, ma al tempo stesso il suo lato più fragile: Riccardo non affrontava personalmente chi lo deludeva o gli faceva un torto, perché quando teneva davvero a qualcuno, non riusciva neanche a mandarlo via dall'azienda, ci si affezionava così tanto che talvolta intervenivo io al posto suo.

I primi anni, come per qualunque altra start-up innovativa, sono stati difficili per l'azienda, ma lui non si è mai perso d'animo. Nei momenti di tensione capitava che si arrabbiasse e desse di matto, ma dopo neanche dieci minuti ripartiva come niente. Questa è una caratteristica che Riccardo ha conservato anche più in là, non rimaneva mai arrabbiato e non serbava rancore per nessuno. Le sue sfuriate duravano dieci minuti e poi tornava subito quello di prima.

Riccardo mi ha insegnato come verificare un cantiere, come programmare, come misurare le statistiche. Trovava sempre una soluzione "creativa" per tutto, si faceva in dieci per noi e per l'azienda. Era un sognatore concreto, perseverava e agiva a tutti i costi per realizzare ciò che si era deciso.

Con la crescita esponenziale dell'azienda sono cresciute anche le responsabilità e le difficoltà da gestire, e Riccardo stesso è cambiato. Sentiva il peso della responsabilità, persino sul suo corpo, aveva spesso mal di stomaco e preferiva risolvere le cose da solo piuttosto che confrontarsi con noi come avevamo sempre fatto. Arrivò un periodo in cui discutevamo spesso per questi motivi e per il fatto che per lui è sempre stato difficile lasciare l'operatività. D'altronde era fatto così, neanche sulla sua barca riusciva a delegare le cose operative che qualsiasi altro armatore avrebbe assegnato a un mozzo, lui il mozzo non l'ha mai voluto!

Gli ricordavo sempre che tutti noi avevamo sposato il suo sogno, che doveva contare su di noi, chiedere, confrontarsi e non pensare di essere solo. Per me era come un fratello maggiore, ho trascorso più tempo e condiviso cose con lui che con i miei fratelli di sangue, non potevo vederlo stare male o sentirsi solo nelle sue preoccupazioni. Lui non riusciva a tirarsi fuori, avrebbe potuto mollare un po', rallentare, delegare, ma voleva sentirsi importante. Accentrare era il suo problema e così si sovraccaricava.

Questo è il dramma di tanti imprenditori, che pur avendo aziende che vanno bene non riescono a staccarsi, perché in azienda sei un "figo", conosci tutto, in un attimo risolvi problemi enormi e sei rispettato da chiunque, mentre fuori dall'azienda a volte non sei considerato così "figo". E la considerazione che hai in azienda spesso non ce l'hai in famiglia.

Aveva sempre una nuova stella da raggiungere, una meta che aveva scritto da materializzare (tutto ciò che scriveva poi lo doveva fare!). Il volo era tra queste cose. Lo aveva sognato, deciso e poi realizzato: guidare un aereo. Ricordo con il sorriso di una volta che mi chiese di andare con lui in aereo in Francia. Lo raggiunsi in pista e mi disse: "Dammi cinque mi-

nuti che sistema un po' di cose prima del decollo". Non è proprio confortante per un passeggero sapere che il pilota fa i controlli pochi minuti prima di partire! Mentre ero lì, sentivo che pensava ad alta voce: "La benzina c'è, e questo? Vabbè, a che serve, questo pezzo è in più". A un certo punto, gli feci una domanda: "Riccardo cos'è questo strumento? E a che serve?", e lui: "Serve per controllare se ci sono altri aerei nelle vicinanze, ma non funziona, fa lo stesso, tanto non serve!" In quel momento, dopo tale risposta, mi sono chiesto se saremmo atterrati sani e salvi. Lui era così, non aveva paura di nulla e tutto si poteva fare. In quel momento, ho rivisto il Riky che affrontava il pericolo.

Il suo sogno era quello di guardare dalla sua Porsche omini con la divisa blu e gialla appesi ai palazzi di tutto il mondo con il marchio di Acrobatica sul petto. Raggiungere i propri obiettivi richiede un mix vincente di sogno e perseveranza e Ricky è un esempio di quanto sia importante avere chiari i propri obiettivi, visualizzarli e agire con determinazione per realizzarli.

Riccardo vivrà in ogni Paese in cui voleva trasformare il modo di fare edilizia. È stato più di un uomo, più di un imprenditore: è stato un'idea e le idee non muoiono mai.

Per me è stato un fratello maggiore, la persona con cui sono cresciuto, eravamo sempre fianco a fianco, e anche oggi lo sento presente in ogni abbraccio delle persone che lo hanno conosciuto.

Domenica 24 settembre 2023 ho ricevuto il suo ultimo messaggio: "Grazie Simone, buonanotte!", di una semplicità che sa di buono come lui. Oggi noi lo salutiamo così: "Grazie Ricky, buonanotte!"

Molti imprenditori tendono a separare la loro parte umana da quella professionale, il ruolo di capo da quello di amico; eppure esistono individui in cui questi due ruoli si fondono in un'unica persona straordinaria, in grado di incarnare sia la leadership che l'amicizia. Riccardo sapeva riconoscere il valore di ogni singolo membro del suo team, valorizzare le diversità, creare un ambiente di lavoro positivo e inclusivo in cui ognuno si poteva sentire parte di una grande famiglia.

Nonostante la sua scomparsa, il sogno di Riccardo continua a brillare nel cuore di coloro che hanno condiviso la sua visione e la sua passione. L'eredità che ha lasciato dietro di sé è un'ispirazione per tutti coloro che si trovano a lottare per realizzare i propri sogni. Si può fare, dipende solo da quanto lo vuoi.

Anche se non c'è più fisicamente, la sua presenza si avverte ancora nell'atmosfera dell'azienda, nelle strategie adottate, nei progetti intrapresi e nei successi ottenuti. I suoi collaboratori continuano a essere mossi dalla sua visione e a ispirarsi alla sua determinazione nel perseguire traguardi ambiziosi.

Riccardo vive e continuerà a vivere attraverso ognuna delle persone a cui hai voluto bene, in ogni operatore vestito di giallo e di blu, in ogni palazzo e ogni monumento restaurato da un Acrobatico.

Riccardo

4.

L'UOMO
DIETRO IL MITO

4. L'UOMO DIETRO IL MITO

Uomini come Riccardo, che partendo da zero costruiscono un impero imprenditoriale cambiando anche la storia di un settore, si trasformano in miti viventi. Riccardo è, infatti, diventato una leggenda nell'edilizia. È sufficiente scrivere su Google il suo nome per trovare centinaia di contenuti che lo vedono protagonista.

Tuttavia, dietro il velo del mito, c'è un uomo reale, con le sue contraddizioni e le sue battaglie personali. La sua vera essenza è rimasta nascosta agli occhi del pubblico e, con questo libro, ho voluto rendere onore alla sua parte più umana con racconti, aneddoti personali e testimonianze esclusive. Mi sono, cioè, addentrato nel cuore e nell'anima di Riccardo.

Come abbiamo scoperto fino a questo punto, dalla gioventù la sua personalità è sempre stata caratterizzata da un animo sovversivo, decisioni impulsive, a volte avventate, e da una tendenza a sfidare regole e convenzioni sociali. Durante le interviste, ho scoperto che Riccardo era così già prima che lo conoscessi e ho compreso che è stato proprio quell'animo ribelle che gli ha permesso di costruire tutto ciò.

Crescendo, Riccardo ha imparato a canalizzare la sua energia ribelle in modi costruttivi, sfruttando il suo coraggio, la sua voglia di sfida e la sua determinazione per perseguire grandi obiettivi. Il suo temperamento impetuoso e il non avere paura di nulla lo trascinavano a volte in situazioni difficili, sono stati i tratti distintivi che lo hanno reso unico.

A Riccardo piaceva tanto condividere la sua storia, raccontare come un uomo dal nulla aveva realizzato il suo sogno.

Lontano dai riflettori e dalle telecamere, c'era un uomo vero, genuino, fragile e potente allo stesso tempo, che desiderava essere compreso e amato per ciò che era veramente: **uno spirito libero, indomito e ribelle.**

Attraverso le pagine di questo capitolo, desidero offrire un ritratto autentico e completo di Riccardo, restituendogli la sua umanità e la sua verità nascosta.

IL MARE, IL SUO GRANDE AMORE

Riccardo era un animo libero e avventuroso. Il suo cuore batteva al ritmo delle onde. Come ha raccontato mamma Simonetta, fin da bambino aveva una grande passione per il mare. Era il luogo in cui si sentiva veramente libero di essere sé stesso, lontano dalle preoccupazioni e dalla noia della vita quotidiana.

Fra quelle acque riusciva a cavarsela in ogni situazione, anche nelle condizioni più estreme o in mezzo all'oceano, dimostrazione del suo coraggio da temerario. Il mare era il suo posto preferito, il luogo dove ricaricare le energie e coltivare i sogni. Quando era in barca, il tempo si fermava.

Una volta, sparì in mare per mesi, mi disse che doveva andare alle Baleari per trenta giorni e invece... tornò dopo quattro mesi! Lui era così.

Mi sono fermato a parlare del suo rapporto con il mare con Ernesto Moresino, amico genovese e compagno storico di regate.

> *Io e Riccardo ci siamo conosciuti trent'anni fa in mezzo al mare, l'incontro è avvenuto in una circostanza particolare: mi trovavo in difficoltà con la barca e un'amica comune lo*

chiamò per chiedere aiuto. Riccardo ci raggiunse e si mise immediatamente a disposizione per aiutarci. Prese la sua barca e ci venne a recuperare, un gesto di grande generosità che mi ha sorpreso ed è rimasto un ricordo indelebile nella mia memoria. Eravamo entrambi "uomini di mare" — tra di noi subito intuiamo se l'altro è una persona esperta ed è "galantuomo" — e Riccardo me lo dimostrò dal primo momento.

Ci fu subito feeling tra di noi e iniziammo a uscire in mare insieme. Era una persona positiva, intraprendente, gli piaceva mettersi in gioco e lo stimolava il rischio. Da giovane aveva un fisico invidiabile da sportivo, tutto muscoli e nervi, anche se fumava due pacchetti al giorno.

Aveva l'animo di un ragazzaccio di strada, un po' folle, in competizione con tutto quello che gli stava attorno. E lui era orgoglioso di esserlo. Aveva un concetto di pericolo e di limite molto spinto, alzava sempre di più l'asticella. Era quella persona con cui potevi intraprendere qualsiasi avventura, era sempre pronto a dire: "Dai andiamo, facciamolo!"

In mare era "splendidamente" pericoloso, in barca aveva una grandissima disciplina ed era molto severo. Quando eravamo in navigazione, mi osservava mentre ero al timone e mi faceva mille domande: "Cosa fai? Perché lo fai?"

Nonostante fosse già un marinaio esperto, era curioso, attento a tutti i particolari, voleva carpire tutti i segreti del mare.

Era metodico sulle cose importanti. Quando mi raccontò che ogni mese andava per due giorni a Bologna a studiare alla Mind Business School di OSM rimasi sorpreso, senza parole. Mi sembrava inverosimile che un ragazzaccio di strada come lui potesse rimanere fermo, seduto per due giorni a studiare. Sapeva che quello che stava facendo lo avrebbe portato a *grandi risultati, lui ci credeva e, quando si metteva in testa di fare bene una cosa, si impegnava con una precisione e cura dei dettagli incredibili. Lo faceva in barca, lo faceva in azienda.*

Nel 2000 partecipammo insieme alla famosa regata Rolex Cup Giraglia, conquistando il primo posto. Nella gioia della vittoria, mi emozionò tanto il fatto che Riky, dopo aver ritirato il premio — un orologio Rolex! —, senza pensarci due volte, me lo regalò. All'epoca non era ancora il grande imprenditore che è poi diventato, era agli inizi e quell'orologio di grande pregio era un oggetto che piaceva anche a lui, ma fu più felice di regalarlo a me che tenerlo per sé.

Uno dei suoi sogni era di fare il giro del mondo in barca. Una circumnavigazione passando per i tre capi copre circa 26.000 miglia nautiche — per farlo una barca può impiegare tra i settanta e i duecento giorni, affrontando spesso anche condizioni estreme —, ma Riccardo aveva perso il passo marino, aveva cominciato a patire in mare, non riusciva più a navigare per lungo tempo e in condizioni avverse. Quindi non sarebbe più stato in grado di farlo.

Le grandi responsabilità si ripercuotevano anche fisicamente su di lui. Per compiere un'impresa simile bisogna essere sereni e senza pensieri e in ottima forma fisica, forse era troppo tardi per lui. E poi non avrebbe mai lasciato l'azienda, gli sarebbe mancata troppo. Acrobatica era la dimostrazione vivente, innanzitutto per sé stesso, di essere in grado di fare bene qualcosa, di essere un grande.

Quando pensi di fare le cose che vuoi fare? Quando ci allontaniamo dalla nostra vera natura, iniziamo a perdere la felicità. Per essere felici bisogna saper ascoltare i desideri, non quelli indotti dalla società, ma quelli profondi, che non appartengono alla personalità ma al cuore e alla coscienza.

L'ACROBATA DELL'IMPOSSIBILE   Andrea Condello

Riccardo in barca

IL VOLO

Le passioni e gli hobby di Riccardo andavano oltre le convenzioni, esattamente come tutta la sua vita. Perché un uomo decide di volare? Cosa vuole dimostrare? Se non avessimo avuto il desiderio di raggiungere obiettivi sempre più alti, non avremmo mai volato né saremmo mai sbarcati sulla Luna.

Il volo dava a Riccardo la visione dall'alto che tanto adorava. Confrontandomi con l'amico Luca e la compagna Anna, ho compreso che quel desiderio di dominare le altezze, di essere sempre in vetta — aveva pure la camera da letto soppalcata. Era, probabilmente, qualcosa che lo angustiava fin da ragazzino, ma di cui non aveva mai parlato con noi.

La sensazione di sollevarsi in volo, di librarsi nell'aria, di avere il comando in un mezzo così potente, era per Riccardo un'espressione di libertà estrema, di controllo della propria vita e di potere. Anche nelle sue passioni era il sognatore temerario pronto a superare ogni limite e a osare.

Volare è una magia che trasmette adrenalina a ogni cellula del nostro corpo, che si ripete ogni volta, dal primo all'ultimo volo. Il suo libro preferito, *Il gabbiano Jonathan Livingston,* che gli fu regalato da Simonetta e lo segnò profondamente sull'importanza del sogno e del volare in alto, esprime a pieno la personalità di Riccardo: il protagonista Jonathan ci vuole insegnare l'importanza di essere sé stessi, liberi, senza essere vittima dei pregiudizi. Jonathan ci insegna che tutto si può fare e niente è impossibile.

Ho chiesto il racconto di Gianni Riccardi, il suo maestro di volo. Lui è un ex pilota dell'aeronautica militare, un uomo di grande esperienza e che gode di un'ottima reputazione. A lezione da Ricciardi sono andate molte persone importanti.

Riccardo si è affidato a me con grande umiltà e voglia di imparare. Ha appreso tutto con velocità, ottenendo il brevetto di volo in poco tempo. Volare era un sogno che aveva fin da bambino, mi raccontò che lo aveva scritto anche nel suo libro dei sogni: "Da grande avrò un aereo tutto mio e sarò libero di fare quello che voglio, viaggiare, lavorare".

Riccardo era come Marco Polo, aveva un forte impulso a fare tutto ciò che gli altri non facevano. Il mare e il cielo erano libertà. Tutto ciò che lo spaventava lo attraeva, era attirato dalle cose difficili e, forse, questa è stata un'altra motivazione che lo ha spinto a volare.

Dopo un giorno passato con Riccardo, tornavo a casa più ricco, anche se magari parlavamo solo di aerei. Tra noi c'era uno scambio continuo e quando mi chiamava perché era in difficoltà, non chiedeva cosa fare, mi proponeva lui cosa aveva pensato di fare e mi domandava un parere.

Era assetato di esperienze nuove, la quotidianità lo annoiava, voleva sempre di più. Dopo il primo aliante ne comprò un altro e aveva programmato di comprarsi un jet privato più grande per far volare i suoi manager. Alla fine si aggiunse addirittura l'idea di comprare una compagnia aerea! Pensava sempre più in grande. Una volta doveva andare ad Aosta per una presentazione e decise di andarci con il suo aereo. Mi chiamò entusiasta come un bambino: "Qui è bellissimo, la rotta che mi hai suggerito è straordinaria, oggi che è una gran giornata vorrei fare il giro del Monte Bianco, posso fare il giro sul Monte? Come devo fare? Mi mandi la rotta?" Dopo il giro sul Bianco mi chiamò per ringraziarmi, pieno di emozione come un bambino alla sua prima esperienza.

Riccardo si nutriva delle sue emozioni per prepararsi per le imprese successive, erano la sua benzina.

E di imprese ne ha compiute un bel po', in mare e in cielo, gli piaceva tutto ciò che era fluido.

Riccardo aveva un rapporto intelligente con la paura, aveva voglia di conoscere per poter capire, imparare come fare. Per lui, la paura non era un limite, ma ne aveva rispetto, era un qualcosa su cui ragionare. Quando si rendeva conto che la sua preparazione non era calibrata alla situazione che doveva affrontare in volo, era pronto a diventare la persona più umile del mondo e chiedere consigli.

Riccardo era un uomo oltre che di grande intelligenza, anche di risolutezza, faceva domande mirate per apprendere ciò che non sapeva e affrontare nel miglior modo possibile ciò che poteva presentarsi.

Poi c'era quel suo pizzico di coraggio in più rispetto alla media che gli permetteva di raggiungere tutti gli obiettivi che si prefiggeva, incluse le avventure da pilota in alta quota.

È stato bellissimo conoscerlo, ha cambiato la mia vita, era una bellissima persona, capace di generosità senza volere nulla in cambio, aveva tanto da dare e ha dato tanto. Quando avrò novant'anni e ripenserò alle persone più belle e importanti che ho conosciuto nella vita, Riccardo sarà ancora tra queste.

LA SOLITUDINE DEI NUMERI UNO

Essere al vertice, essere il numero uno, può sembrare un'ascesa gloriosa verso il successo e il riconoscimento. Tuttavia, dietro l'immagine di potere e prestigio, si cela spesso una realtà meno affascinante, la solitudine.

Gli individui che si trovano in posizioni di potere, che hanno fama e leadership, spesso, affrontano un isolamento emotivo che pochi possono veramente comprendere. Sebbene essere il numero uno significhi essere circondati da molte persone, allo stesso tempo significa sentirsi profondamente soli. La pressione e le responsabilità della leadership rendono difficile confidarsi con gli altri o trovare persone con cui condividere le proprie paure e preoccupazioni: tu sei il leader.

Essere il numero uno significa anche prendere decisioni difficili e spesso impopolari, affrontare sfide e dilemmi che la maggior parte degli individui non può nemmeno immaginare. Questo carico decisionale può essere opprimente e straniante, poiché devi spesso sopportare il peso delle tue decisioni da solo.

Le pressioni del mondo esterno, le aspettative altrui e le lotte personali possono mettere a dura prova il benessere emotivo di un grande imprenditore. Dietro quella maschera di invincibilità, la vita privata dell'uomo può essere molto diversa da quanto traspare in pubblico.

Dietro le luci della ribalta si cela un essere umano vulnerabile, con i suoi pensieri e le sue preoccupazioni, che lo accompagnano quando è solo. Capita a volte che lui stesso non se ne renda conto, come accadeva a Riccardo. La sua resilienza e determinazione abbattevano qualsiasi limite, era convinto di poter affrontare e superare qualsiasi ostacolo.

Lui che correva sempre, che era sempre sul pezzo, non riusciva a comprendere perché non fossero tutti come lui, si sentiva un po' solo. D'altronde di numeri uno ce ne sono pochi. Questo era quello che cercavamo di fargli capire spesso io e Anna.

La necessità di mostrare un'immagine di forza e successo può impedire alle persone di esprimere le proprie vulnerabilità, le proprie paure e i propri dubbi, alimentando un senso di isolamento e di incomprensione. Talvolta questo non ti permette di chiedere aiuto.

Riccardo era veloce, determinato, flessibile e aperto al cambiamento, spesso mi chiedeva consigli sull'azienda, ci confrontavamo molto, ma alla fine, come sempre, ascoltava tutti, prendeva il meglio da tutti e poi faceva a modo suo!

Le sue soluzioni erano sempre le più geniali, anche se ritengo che, soprattutto negli ultimi periodi, con il crescere delle responsabilità e le decisioni difficili da prendere, a volte gli pesasse sentirsi l'unico incaricato, perché era convinto che solo lui avrebbe potuto farlo nel migliore dei modi e nel minor tempo possibile.

La mancanza di consapevolezza della propria vulnerabilità di essere umano può portare a distaccarsi dalla realtà, a non chiedere supporto, a sentirsi ancora più soli.

Riccardo era una macchina sempre in corsa, non era facile andare al suo passo. Leader così creano aziende che crescono alla velocità della luce e la crescita esponenziale di Acrobatica ha amplificato ancora di più quel senso di insostituibilità che avvertiva, facendolo sentire solo nel prendere decisioni strategiche.

Essere un leader, essere un numero uno, implica abbracciare l'onere del comando: spesso ti ritrovi a soffrire da solo perché agli altri e al mondo non puoi mostrare incertezza, le tue persone hanno bisogno della tua sicurezza e della tua guida.

Riccardo

5.

IL COMPAGNO
DI VITA

5. IL COMPAGNO DI VITA

Nella vita e in amore, spesso, accade che due persone completamente opposte si attraggano e si uniscano in un legame profondo, formando un DUE che supera le differenze per realizzare qualcosa di straordinario insieme: questa è la storia di Riccardo Iovino e Anna Marras.

Lei, l'incarnazione dell'ordine, della razionalità, della concretezza; lui, la personificazione del caos e della creatività, un'anima ribelle e visionaria che trovava ispirazione nelle emozioni e nell'istinto. Due mondi apparentemente opposti destinati a incontrarsi e unirsi per dare vita a qualcosa di grande.

Il progetto che hanno intrapreso insieme era ambizioso e sfidante, richiedeva competenze diverse per essere portato avanti con successo. Lei ci metteva la precisione, la capacità organizzativa e di relazione con le persone; lui, la creatività, l'energia, la dinamicità e la risolutezza, creando un connubio perfetto che ha dato vita a qualcosa di davvero straordinario.

DUE ANIME, UN UNICO DESTINO

Io e Ricky ci siamo conosciuti nel luglio 2006. Eravamo all'Hotel Centergross di Bologna, il luogo dove ancora oggi, a distanza di quasi vent'anni, si tiene ogni mese la Mind Business School di OSM. All'epoca, c'era un'unica classe in cui clienti imprenditori e consulenti studiavano insieme. Lo intravidi tra i banchi, i nostri occhi si incrociarono per qualche istante e lui mi lanciò uno sguardo un po' furbetto. Non sapevo assolutamente chi fosse. A un certo punto, durante la pre-

miazione dei fatturati delle aziende in crescita, fu chiamato sul palco: "Salga qui l'Uomo Ragno".

La cosa mi colpì molto per via di un episodio divertente accaduto tra me e mio nipote. All'epoca ero single da parecchi anni e mio nipote, che era ancora un bambino, un giorno mi chiese: "Zia, perché sei sempre sola? Perché non ti trovi un fidanzato?" Io, sapendo che a lui piaceva tanto quel personaggio, gli risposi: "Ma io ce l'ho un fidanzato: è l'Uomo Ragno!"

Quindi, quando vidi Riccardo salire sul palco con quel soprannome, pensai: "Allora esiste per davvero!" Riccardo, parlava come se avesse avuto già un'azienda mega-galattica, trasmetteva un'energia incredibile e, ascoltandolo, davvero credevi che le cose stessero così. Durante la pausa caffè, ci cercammo con lo sguardo fino a quando lui si avvicinò. Iniziammo a chiacchierare e ci scambiammo i numeri di telefono. Mi aveva davvero convinto che avesse una grande azienda!

Successivamente, lui partì con la sua barca per le vacanze e per mesi non ci vedemmo né sentimmo. Ci incontrammo di nuovo solo dopo l'estate, a ottobre, durante un evento di Stephen Covey. Lui, che aveva già preso informazioni su di me e sapeva che ero bravina nel mio lavoro — ricoprivo il ruolo di consulente aziendale per Osm e seguivo sedici aziende ben organizzate e strutturate tra Torino e il ponente ligure — mi si avvicinò di proposito per chiedermi alcuni consigli e pareri "da consulente".

Durante quella chiacchierata iniziò a manifestare molto interesse per le mie idee e le mie competenze in merito alle risorse umane — fu l'inizio di quello che è diventato poi un confronto durato tutta la nostra vita insieme —, ma anche per me, proprio come Anna, come donna, come essere umano. Si vedeva *che era un imprenditore illuminato, aveva compreso già tanti anni fa quale fosse lo sforzo che doveva fare per lavorare sulla sua capacità di far crescere le persone e permettere lo sviluppo del loro potenziale.*

Per me non era così scontato che lui si mettesse in discussione: frequentavo ogni giorno imprenditori e non era facile trovare una persona con una mente come la sua. Mi colpì molto.

A quel tempo, nella sua piccola azienda, c'erano lui e altri dodici collaboratori. Si era dedicato alla formazione dopo qualche duro colpo ricevuto da persone vicine. Quegli episodi così dolorosi gli avevano fatto prendere consapevolezza della necessità di costruire relazioni forti per formare una prima linea di manager in gamba.

Dopo l'evento, prima di salutarci, lo invitai al mio quarantesimo compleanno, a novembre, e gli feci capire che mi avrebbe fatto piacere rivederlo. Il nostro destino era ormai indissolubilmente legato, anche se ancora non lo sapevamo. Ognuno di noi aveva scritto una meta che riguardava l'altro senza saperlo: Riccardo desiderava incontrare una compagna di vita che fosse un'alleata con cui cospirare insieme per creare la grande azienda che sognava e io, dopo cinque anni da single, nelle mie mete avevo scritto che a quarant'anni avrei trovato il compagno con cui intrecciare una relazione di valore.

Il giorno del mio quarantesimo compleanno io e Riccardo ci mettemmo insieme. All'inizio non fu semplice: io ero una consulente del gruppo e lui era un cliente, questo tipo di relazioni non era "incoraggiato" dall'azienda e dunque, prima di rendere pubblico il nostro legame, ci frequentammo in segreto per un po'.

Avevamo compreso fin da subito che la nostra non era una storiella: tra noi era scoppiato l'amore e così, durante la cena di fine anno in cui c'erano tutti, annunciammo pubblicamente la nostra unione.

Riccardo aveva delle caratteristiche particolari che lo rendevano unico in tante cose. Io ero abituata a frequentare gli imprenditori, ma fin dal primo momento che lo conobbi vidi in lui qualcosa di speciale, oltre la sua energia, la sua motivazione, il suo sapersi vendere. Un aspetto che non è facile da riscontrare nelle persone e negli imprenditori: Riccardo era una persona disposta davvero a mettersi in discussione, e tanto.

Tra noi è nata una cospirazione naturale. Acrobatica era un progetto affascinante e carismatico e lui, con la sua energia e il suo ottimismo, riusciva a sciogliere qualsiasi dubbio in chiunque ne avanzasse uno. Dopo qualche tempo mi chiese di andarlo a trovare in azienda, indossai il mio bel completo elegante, mi misi in auto e, guidata dal TomTom, arrivai all'indirizzo che mi aveva dato ma non vidi nessun edificio. Giravo e giravo ma non trovavo l'azienda. Così lo chiamai spiegandogli dove fossi, e lui mi rispose: "Sì, siamo qui, sei arrivata!"

Non era un'azienda, era un garage! Ero caduta nella tela dell'Uomo Ragno!

All'inizio della nostra storia, Ricky aveva molta paura di mescolare la relazione sentimentale con quella lavorativa. A incoraggiarlo fu proprio il fatto che lo aveva deciso già prima, lo aveva scritto come meta, così come aveva già deciso di fare tutto quello che poi abbiamo fatto insieme.

Parlammo della scena ideale dell'azienda e dell'obiettivo che puntava a raggiungere quell'anno: un milione di euro di fatturato. Presi la mia penna verde e un pezzo di carta e strin-

gemmo il nostro accordo: se fossi stata capace di fargli raggiungere quel milione di euro di fatturato, sarei diventata socia dell'azienda.

Tutto partì da un processo di selezione e poi... quel risultato a fine 2007 fu raggiunto, furono inserite tante nuove persone e io divenni la prima socia di Acrobatica.

Con il mio arrivo in azienda, nel 2007, iniziò una nuova fase. Arrivò anche il momento in cui lasciammo quel garage per trasferirci nel nostro primo vero ufficio, a Sturla. Trovammo un edificio sopra a una fermata della metropolitana che si chiamava Marras, dal nome di una strada vicina. Anche quello fu un segnale del destino.

Insieme abbiamo verniciato, allestito e pulito i primi veri uffici. Abbiamo vissuto emozioni bellissime in quei momenti. Quelle pareti furono dipinte non con la pittura, ma con amore e sogni. Perché, e noi lo sapevamo, la vera bellezza della nostra squadra, non risiedeva nell'omogeneità, ma nella capacità di riconoscere, valorizzare e integrare le nostre diversità affinché, unendosi, potessero dare vita e corpo a un sogno grandissimo: un sogno Acrobatico.

Riccardo e Anna

UN GENIO SENZA REGOLE

Riccardo aveva un entusiasmo, un coraggio e una determinazione enormi e contagiosi, al suo fianco ti sembrava davvero che nulla fosse impossibile. Lui gestiva situazioni complesse e impegnative con una tranquillità tale che spesso mi chiedevo come facesse.

Lui era il folle, quello che risolveva i problemi con una naturalezza e una spensieratezza incredibili, tutto grazie alla sua energia, al suo genio, alla sua creatività. Nella nostra coppia io ero la metà più "rigida", quella che si preoccupava: insieme eravamo invincibili perché eravamo perfettamente complementari.

Ricky sapeva ammirare le persone ed era sempre aperto ad ascoltare altri punti di vista. Era un tipo molto curioso, chiedeva e accoglieva consigli e pareri da tante persone di grande competenza, fior di consulenti, avvocati, commercialisti, banchieri, revisori contabili che ascoltava tutti con grande attenzione. Alla fine, traendo il meglio da tutte queste versioni e facendone un mix, trovava la sua soluzione, migliore rispetto a quella che ognuno di loro suggeriva singolarmente!

Spesso erano proprio i professionisti a cui aveva chiesto consiglio che, a fronte delle sue proposte, gli dicevano: "Caspita, è un'ottima idea, io non ci avevo pensato! Può funzionare!"

Io lo definivo un "acrobatico inside". Non si poneva limiti, cercava di trovare la soluzione non più logica, ma più creativa. Guardava il problema da ogni angolazione, lasciandosi ispirare da tutto ciò che lo circondava, pensava in modo non convenzionale. La sua creatività è stata una delle sue caratteristiche vincenti. La sua capacità di trovare soluzioni originali, fuori dal comune e spesso al limite dell'immaginabile, lo ha reso un vero e proprio "problem solver", un uomo d'azione. E poi tutto quello che ha realizzato lo aveva deciso prima. Una volta trovai un vecchio biglietto con la sua calligrafia in cui aveva scritto, quando era ragazzo: DEVO>VOGLIO>POSSO.

Forse è lo stesso biglietto di cui mi ha parlato Simonetta, la sua mamma.

Aveva la capacità di vendere qualcosa come se esistesse, ma in realtà non esisteva! Fremeva dalla voglia di raggiungere i suoi obiettivi e, con il passare degli anni, proprio l'impazienza divenne il suo punto debole. A volte diventava intollerante nei confronti di chi era lento, di chi non coglieva al volo le sue intuizioni e non partiva subito all'azione. Penso che questo atteggiamento derivasse dal fatto che in fondo lui non era mai stato il collaboratore di qualcuno. Non riusciva a comprendere perché gli altri non fossero ambiziosi come lui, considerava ogni persona come un imprenditore! Chi ha la fortuna di essere dotato di un'intelligenza fuori dal comune come la sua, spesso si sente incompreso dagli altri. È la sfida di vivere in un mondo che non capisce, ma che ha bisogno della tua luce per illuminare il futuro.

UN VINCITORE CHE NON VOLEVA MAI MOLLARE

Negli ultimi anni, Riccardo era spesso nervoso e stressato. Non era più sereno, si sentiva schiacciato da tutti gli impegni e le responsabilità. Spesso esprimeva il desiderio di ritirarsi e viaggiare per mesi con il suo catamarano. Quando diceva queste cose, tante volte gli ho chiesto: "Perché non lasci tutto?" Lui rispondeva: "Sì, un giorno lo farò, ma ora non è il momento".

Se non l'ha fatto è perché aveva un'altra meta a spingerlo avanti: voleva raggiungere il miliardo. Aveva trasformato i suoi sogni in qualcosa di materiale, in numeri. L'interesse per gli obiettivi numerici era diventato preponderante rispetto al passato, come se volesse fare la sua magistrale uscita di scena solo dopo aver raggiunto quel traguardo. Era cambiato molto, Riccardo, ma ogni tanto lasciava intravedere qualcosa della persona che era stata: l'ultima volta che lo fece fu proprio il giorno prima che ci lasciasse.

Aveva così tanti progetti in cantiere che non riusciva a stare dietro a tutto quello che doveva fare, neanche con due assistenti. È stato sempre un grande motivatore, ma a un certo punto, per lui, si era trasformato tutto in una conquista. Quando vieni dal niente, la tua voglia di riscatto ti causa questa tendenza. Amava la sua azienda, ma era stanco. Doveva delegare tutto e partire in mare, ma non è riuscito a farlo.

Eppure, forse, una parte di lui correva, aveva fretta perché sentiva di non avere tanto tempo davanti. Pur essendo giovane, pur essendo perfettamente sano, aveva in mente il futuro dei miei figli, Bruno e Giulia e dei miei nipoti, Matteo e Nicole. Pensare che avesse stabilito di averne cura anche qualora lui fosse mancato, è qualcosa che mi fa ricordare che il cuore di Riccardo, al di là di dove la vita aveva condotto la sua mente, fosse sempre quello di cui mi ero innamorata: un cuore buono, generoso, amorevole. Puro.

E poi un giorno, che poteva essere un giorno come un altro, è uscito per il mare e ci siamo salutati non sapendo che fosse l'ultima volta. Ci siamo regalati un ultimo sguardo e lui non è più tornato.

Eppure, il mio legame con lui non si è concluso con la sua scomparsa. In diciassette anni abbiamo dato forma a un so-

gno e la prova concreta della nostra unione è il presente di Acrobatica, la stessa azienda che mi accolse in un garage e che oggi ha sedi in tanti Paesi del mondo. Tutto quello che Riccardo e io abbiamo realizzato, come coppia e come azienda, è una rivoluzione culturale che riconosce il valore dell'individuo e lo pone al centro di ogni impresa. Questo è ciò che abbiamo costruito insieme, è ciò che Riccardo ha lasciato al mondo e che io continuerò a far prosperare.

Perché i sogni non hanno limiti e noi lo sapevamo bene.

Attraverso impegno e dedizione, Riccardo e Anna, partendo da un garage, hanno affrontato il percorso e le sfide della vita personale e professionale, dimostrando che l'unione delle loro diversità poteva generare una vera potenza creativa. Il loro progetto ha avuto successo, diventando una grande impresa milionaria, e oggi Anna prosegue con amore il sogno di Riccardo, quel sogno iniziato trent'anni fa.

6.

LA MALATTIA
DEL SOGNATORE

6. LA MALATTIA DEL SOGNATORE

Essere un genio è difficile perché significa non sentirsi compresi da tutti o perdere la percezione tra il mondo che abbiamo nella nostra mente e quello reale. È ai geni, però, che dobbiamo le più grandi invenzioni della storia. Pensiamo a Leonardo Da Vinci, che centinaia di anni fa ha sognato di far volare l'uomo. Riccardo, con la sua genialità, ha fatto qualcosa del genere: **i muratori che scendono dall'alto invece di salire!**

L'insegnamento più grande che ci ha lasciato Riccardo è di credere nei propri sogni, avere una fiducia incrollabile nelle proprie idee, una fiducia che non può essere minata da nessuno, andare avanti e perseverare anche se le persone ti danno del "pazzo". Lui vedeva oltre il presente, viveva con l'immagine di quello che sarebbe stato il suo sogno realizzato.

La sua storia è fatta di successi straordinari, di grandissime sfide superate e di un sogno raggiunto, ma nonostante questo, c'era sempre "qualcosa di più grande" da rincorrere.

Riccardo era riuscito a realizzare il suo sogno di vedere acrobatici in tutto il mondo, di diventare un imprenditore di successo e poter fare quello che voleva ma, alla fine, non è andata come aveva immaginato agli inizi. Voleva creare qualcosa di grandioso e c'è riuscito, ma quello per lui non è stato il compimento di un obiettivo, quella meta raggiunta era divenuta un nuovo punto di partenza, una nuova sfida: diventare la più grande azienda di edilizia nel mondo!

Il prezzo è stato salato, si era costruito una prigione dorata, era moderatamente felice del suo successo, ma meno felice del resto. La corsa costante verso gli obiettivi a tutti i costi, lo stress delle grandi responsabilità e dei problemi riempivano le sue giornate, facendogli perdere contatto con ciò che era veramente importante per lui: la libertà di essere e fare ciò che voleva.

Il mare e il volo erano per lui simboli di libertà e di orizzonti infiniti. Il suo sogno di vivere libero tra il cielo e il mare è rimasto sospeso tra responsabilità e obiettivi di business più sfidanti.

La malattia del sognatore è un conflitto interiore intenso, che rischia di oscurare la realtà. Comprendere in tempo ciò che è veramente importante per la nostra felicità ci aiuta a dare un nuovo senso all'esistenza, dedicando il tempo e le energie a ciò che davvero conta per noi.

Gli obiettivi sono le tappe del nostro viaggio, la meta deve essere la nostra vera felicità, l'essenza di noi stessi.

Purtroppo il destino ha riservato al nostro sognatore un epilogo tragico, il suo viaggio epico è andato incontro a una conclusione prematura. La storia di Riccardo, scomparso prematuramente nel tentativo di realizzare un sogno grandissimo, ci deve invitare a riflettere sulla natura dei nostri desideri più profondi, sul significato del sacrificio e della determinazione nel perseguire i nostri obiettivi, ma anche sulla fragilità e la bellezza della condizione umana. Talvolta, i sogni più grandi sono anche quelli più pericolosi, e per realizzarli bisogna essere disposti a pagare un prezzo molto importante.

PASSIONE VS OSSESSIONE: UNA CONCLUSIONE

Esiste una linea sottile, ma allo stesso tempo netta, tra passione e ossessione.

Il superamento di questo confine avviene quando, da colonna sonora delle nostre giornate, energia pura che è pungolo verso i nostri sogni, diventa l'unico suono che rimbomba nella testa. Un pensiero fisso, invasivo, che tormenta e non lascia spazio ad altro. Una gabbia in cui, una volta varcato l'ingresso, modelliamo le sbarre giorno dopo giorno. Senza rendercene conto, le rendiamo sempre più strette e finiamo inesorabilmente con l'esserne schiacciati.

Ambizione e ossessione sono le caratteristiche di chi, nella vita e nel mondo, ha costruito qualcosa di grande, di memorabile, e Riccardo era uno di questi.

Queste persone così uniche, così rare, così emblematiche incanalano tutte le loro energie, la loro determinazione, visione e audacia per trasformare un sogno in realtà, costruendo imperi da zero e lasciando un'impronta indelebile nella storia.

Sono numeri uno, folli, ribelli, geni, supereroi.

Il mondo imprenditoriale è dominato dalla competizione e dalla voglia, dalla pretesa di essere sempre di più. Ma in quanti riescono a decidere quando il sogno è compiuto, quando l'ascesa è finita? Quando è tempo di fare anche altro?

Quel bisogno di essere sempre di più e di fare sempre meglio ti catapultano in un'eterna corsa, una competizione con te stesso che, alla fine, ti porterà la sensazione di essere sempre di meno. Sai perché?

Ti svuoterà, ti ritroverai a non fare più tutte quelle cose che prima amavi e che sognavi di poter fare "una volta che...". Per rincorrere quella vetta sempre più alta rischi di non goderti a pieno questa vita.

La costante pressione per eccellere, la mancanza di equilibrio tra lavoro e vita personale, lo stress cronico, l'ansia e il senso di insoddisfazione possono compromettere davvero la vita che con tanta fatica e sacrifici sei riuscito a costruirti.

Per questo motivo, con questo libro e queste ultime parole, voglio trasmettere un messaggio molto importante a tutti gli imprenditori: è fondamentale non essere posseduti dall'ambizione. Mentre da una parte è il motore di crescita e di realizzazione personale e professionale, dall'altra è essenziale mantenere un equilibrio sano e non permettere che ci consumi completamente.

A sessant'anni io ho deciso di regalarmi la cosa più preziosa: il tempo.

Il successo, infatti, non è definito solo dal raggiungimento di obiettivi numerici, ma anche dalla capacità di prenderci cura di noi, dei nostri cari, di ciò che ci fa stare bene, ci fa divertire, ci fa battere il cuore.

Quando dovevo costruire l'azienda mi sono buttato *all-in* e ho dedicato la mia vita a questo. Ed è giusto così. Non c'è altro modo per avere successo se non quello di dedicare anima e corpo al tuo lavoro. Tuttavia, è molto importante capire quando è il momento di dire che il sogno è compiuto, quando è giunto il momento di far andare avanti altre persone.

Ci sono imprenditori che si identificano con le loro aziende al punto da pensare: *"Godo così tanto che non mi vedo da nessun'altra parte se non qui"*. Ma tu non sei solo la tua azienda, tu non sei solo un imprenditore.

Se hai un'azienda che va alla grande e un patrimonio personale immenso, cosa aspetti per goderti la vita? Farlo significa onorare i tuoi sacrifici e il tuo lavoro. Altrimenti per te nessuna cifra sarà mai abbastanza.

Il desiderio di avere successo dovrebbe essere un motore di crescita e di realizzazione, non un fardello che ci opprime e ci allontana dalla felicità e dal benessere. Il denaro, così come l'azienda e la sua crescita, sono sempre e solo dei MEZZI, mai dei fini. Non sono queste cose a dare senso alla tua esistenza.

Essere schiavi dell'ambizione può portare a uno stress eccessivo, fino a farci perdere i confini tra il nostro benessere e ciò che è davvero importante. Lo stress è un aspetto onnipresente, diventato così comune che spesso ne trascuriamo il vero impatto. Al di là del disagio immediato che provoca, lo stress cronico somatizzato può avere sequele devastanti.

È importante ricordare che l'impresa — se sei un manager, la carriera — è solo una parte della nostra esistenza e che il vero successo sta nel godere di ciò che abbiamo costruito, vivere momenti di gioia e di serenità.

Siamo così impegnati a creare il nostro futuro ideale che dimentichiamo completamente di celebrare e ammirare il presente. Ecco perché è fondamentale imparare a godersi il viaggio e capire quando è arrivato il momento di sentirsi soddisfatti e dirsi che il SOGNO È COMPIUTO.

La tendenza a rimandare queste decisioni può avere conseguenze irreparabili sulla nostra vita. Convinti che ci sia sempre tempo sufficiente per agire, finiamo con il non averne più. Il tempo non aspetta nessuno.

Tutti siamo stati dei sognatori, siamo partiti da un sogno. Alcuni mollano, altri perseverano fino al compimento, altri ancora non smettono mai di crederci, proprio come Riccardo.

LA FELICITÀ NON SI TROVA NELLA RICCHEZZA, MA NEL TEMPO.

E tu, a che punto sei?
Qual è il tuo prossimo obiettivo?
Qual è quella cosa che vorresti tanto fare, ma che stai rimandando?
Quali sono le cose che desideri ancora fare?
Quanto è il tuo tempo?
Chi sei tu oltre l'azienda?

Riccardo ha rimandato troppo. Fra i mille "un giorno lo farò" e "adesso non è il momento", ha preso un'onda in pieno viso e se ne è andato, ma ha lasciato dietro di sé una grande eredità di sorrisi e gratitudine. Le persone che lo hanno conosciuto, collaboratori e amici, lo ricordano non solo per essere stato un grande imprenditore, ma soprattutto per l'impatto positivo che ha avuto sulle loro vite. Molti gli devono la fiducia ricevuta, le opportunità concesse e il supporto nei momenti di difficoltà. Anche senza cercare riconoscimenti, Riccardo ha creato solide relazioni basate sul rispetto e sulla lealtà. Alla fine, ciò che resta di lui non sono solo i risultati professionali, ma il ricordo e la gratitudine di chi, come me, ha potuto beneficiare del suo esempio e delle sue azioni.

Grazie Riccardo.

L'ACROBATA DELL'IMPOSSIBILE — Andrea Condello

Amico mio,

ci hai proprio lasciati di stucco. Chi se lo poteva aspettare?!

Nel pieno della vita sei partito così, all'improvviso, lasciandoci nella tristezza della tua mancanza. D'altra parte, a te sono sempre piaciuti i colpi di scena!

Hai vissuto una vita di imprevedibilità e di sorprese, forse questo è il finale che volevi. Ora sei lì, svolazzante nei cieli... in quell'elemento fluido che tanto amavi.

Ti vedo cavalcare il tuo FortunaDrago, perché noi che siamo cresciuti con il famoso libro di Michael Ende abbiamo sempre sognato di farlo! Ci guardi da lassù e ti sorprendi della nostra tristezza, perché ricordare un amico partito dovrebbe muovere emozioni, pensando alla sua vita straordinaria e alle sue prossime grandiose avventure. Lo so che tu non vorresti vederci tristi, e noi ci impegneremo molto per non esserlo, ma è dura senza di te, fratello mio.

Hai fatto cose straordinarie in questo tuo passaggio terreno. Hai costruito grandi cose e un'azienda fantastica, ma ti ricorderemo soprattutto per il grande uomo che sei stato e per tutto quello che hai fatto per noi.

Ora avrai altri viaggi da fare, affascinanti avventure nelle tue prossime vite, altri sogni da realizzare. Forse sei partito proprio per questo.

Un grande sognatore come te desidera sempre qualcosa di molto più grande di quello che ha già realizzato in questa vita.

Sei partito in un giorno di sole, nel mare che amavi tanto, con il maestrale che ti sputava in faccia le onde, forse hai scelto proprio la partenza più straordinaria per te.

Grazie per le emozioni che mi hai sempre dato.

Alle prossime avventure amico mio!

Andrea

ANDREA CONDELLO

Imprenditore da 40 anni, Andrea ha aziende in vari settori ma l'amore della sua vita è OSM, Open Source Management, società leader in Italia nel mondo della consulenza aziendale per le piccole e medie imprese.

Al compimento dei suoi 60 anni si è regalato il tempo... Più tempo per sé! Infatti ha delegato tutte le funzioni operative in azienda. Continua a fare l'imprenditore ma si dedica solo alle attività che lo entusiasmano veramente, non essendo obbligato a lavorare per vivere. La sua grande passione, il suo motivo di vita, il senso di tutto quello che fa è: "Aiutare le persone ad avere successo e vincere nella vita contribuendo a costruire la loro libertà e quindi la tanto ambita felicità!".

Nel 2017 pubblica con Engage Editore, casa editrice specializzata in libri di management e di crescita personale, "Venditore in 1 ora", un manuale breve e conciso sui segreti della vendita, e nel 2022, sempre con Engage Editore, pubblica "Be free", un manuale per costruirsi la propria libertà!

SEA - SUPEREROIACROBATICI ODV ETS

L'Associazione SEA - SuperEroiAcrobatici, fondata ufficialmente nel 2020, affonda le sue radici in un sogno semplice ma straordinario concepito dai suoi creatori, tra cui Riccardo, che si calava nei panni di Spiderman, e Anna, che si cala in quelli di Capitan Marvel. Insieme agli altri volontari travestiti da supereroi, la loro missione è quella di scendere dai tetti degli Ospedali Pediatrici Italiani per regalare momenti di gioia e spensieratezza ai piccoli eroi ricoverati, infondendo al contempo forza e conforto ai loro familiari.

Grazie alla loro visione e alla loro inesauribile energia positiva, SEA non si è fermata lì. L'associazione ha ampliato il proprio impegno, sostenendo progetti benefici non solo in Italia, ma anche in altre parti del mondo. Il loro esempio di dedizione ha ispirato e continua a ispirare numerose persone a sostenere e credere in questa causa per migliorare la vita di chi affronta difficoltà.

Il vero eroismo non risiede nei grandi poteri, ma nel cuore e nel coraggio di essere presenti per chi ha più bisogno. L'eredità di Riccardo vivrà per sempre nei sorrisi, nell'amore e nella speranza che SEA continuerà a diffondere in ogni angolo del mondo.

WWW.SUPEREROIACROBATICI.COM

FAI CRESCERE LA TUA AZIENDA INSIEME A OSM
- OPEN SOURCE MANAGEMENT -

Open Source Management, società italiana del gruppo **OSM International Group**, opera nel mondo della consulenza aziendale. Da oltre 20 anni ci occupiamo di aiutare gli imprenditori italiani a far crescere la propria azienda fornendo loro un supporto concreto nei processi di innovazione e riorganizzazione aziendale e a presentarsi in modo più competitivo sul mercato, aggiungendo valore alla loro offerta.

Affiancando l'imprenditore e sfruttando i nostri sistemi d'analisi all'avanguardia siamo in grado di valutare le esigenze di ciascuna azienda studiando, per ognuna di esse, un piano di crescita ad hoc.

L'approccio molto pratico e orientato ai risultati di OSM ha fatto sì che migliaia di aziende, su tutto il territorio nazionale, abbiano deciso di affidarsi alla nostra consulenza. Qui non si parla della solita teoria, ma di risultati concreti e tangibili sin da subito in azienda!

Per ricevere maggiori informazioni sui servizi offerti dalla Open Source Management visita il sito:

www.opensourcemanagement.it

GLI ALTRI TESTI ENGAGE EDITORE PER LE IMPRESE

LIBRI SULLA GESTIONE E SELEZIONE DEL PERSONALE
- *I nuovi condottieri* di Paolo A. Ruggeri
- *Il nuovo capitale* di Paolo A. Ruggeri
- *Piovono Talenti* di Samantha Marzullo
- *Non so fare la selezione del personale* di Simone Rossato
- *Il potenziale umano* di Giada Melis
- *Delega tutto!* di Luca Torcivia
- *Gestione del personale per Manager e imprenditori* di Giuseppe Arata
- *Emozioni al comando* di Ivan Zorzetto

LIBRI SUL MANAGEMENT AZIENDALE
- *Piccole e medie imprese che battono la crisi* di Paolo A. Ruggeri
- *I primi passi per creare la tua rete in Franchising* di Tosco e Di Majo
- *10 errori fatali che uccidono il tuo business* di Baldassare Pipitone
- *Come creare un'azienda internazionale* di Ana Michel Candelario
- *Digital Business* di Paolo Susani
- *Il metodo D.O.C.* di F. Cuffari e G. Andronaco
- *Un socio è per sempre* di Marco Merlino
- *In pensione a 40 anni* di Giuseppe Sciortino
- *Il metodo Totta* di Carlotta Villa
- *Easy Management* di Andrea Turrini
- *Imprenditore seriale* di Matteo Hu
- *Aziende contese* di Fabio e Giuseppe Giordano
- *Cosa fare quando apri una Partita Iva* di Paolo A. Ruggeri
- *Esportare il Made in Italy negli Stati Uniti* di Flavio Mazzolatti
- *Espansione d'azienda* di Paolo Valentini

LIBRI SULLA VENDITA
- *Venditore in 1 ora* di Ruggeri e Condello
- *Vendere bene* di Roberto Giangregorio
- *I venditori vendono?* di Carlo Partipilo Papalia
- *Svegliati e vai a vendere!* di Stefano Giagheddu

LIBRI SUL MARKETING
- *Marketing contemporaneo* di Riccardo Del Bianco

LIBRI SU DENARO, INVESTIMENTI E GESTIONE FINANZIARIA
- *100 modi per farti pagare* di Luca Peverengo
- *Guida alla Prosperità* di Paolo A. Ruggeri
- *Diario di una Holding* di Manuel Verde
- *Da utili a patrimonio* di Partner d'Impresa
- *12 buoni motivi per investire in asset digitali* di D. Bernardi e D. Bonazzi

LIBRI SULLA CRESCITA PERSONALE
- *Le 10 regole del successo* di Paolo A. Ruggeri
- *L'etica dell'eccellenza* di Paolo A. Ruggeri
- *Spiritual Business* di Anna Marras
- *Life & Family Management* di Alessandro Vella
- *Change* di Andrea Podda
- *Be Free* di Andrea Condello
- *Ricco dentro Ricco fuori* di Baldassare Pipitone
- *Imprenditore non sei solo* di Lara Campoli
- *Resilienza* di Francesco Di Cecca
- *Restart* di Giovanni Conversano
- *Comunicazione travolgente* di Fabrizio Gherlani
- *Toxic People* di Paolo A. Ruggeri
- *Cambia prospettiva...e ti viene da vivere!* di Barbara Delponte
- *Campioni si diventa* di Nicola Fabozzi
- *Il futuro sei tu* di Benedetto Cancemi
- *Business e fede* di Cristian Romano

STORIE D'IMPRESA
- *L'energia delle intuizioni* di Paolo Paglierani
- *Pedalando come un fulmine* di Michele Comparetto
- *Di babbo in figlio* di Massimo Giglioli
- *Una lezione da 50 milioni* di Ivan Cervellin

LIBRI IMPRESA DONNA
- *L'impresa è Donna* di Aulico, Dirani, Gariboldi, Marras, Melis
- *Donna & Carriera* di Michaela Gariboldi

LIBRI PER COMMERCIALISTI
- *Da commercialista* a Leader di Maurizio Culicchia

LIBRI PER ASSICURATORI
- *Assicuratore di successo* di Vittorio Gabetta

LIBRI PER SETTORE IMMOBILIARE / EDILIZIA
- *La chiave del successo immobiliare* di M. Gariboldi e W. Sinibaldi
- *Che agente immobiliare sei?* di Maurizio Pesenti
- *Le case si vendono come il pane* di Emiliano Cinelli
- *Investire nell'edilizia* di Cino Bellini
- *Il cantiere di successo* di Gianlugi Augurale
- *InvestiMenti Immobiliari* di Luca Rossero e Violina Ivanova
- *Unicorn* di Angelo Abate

LIBRI PER RISTORATORI
- *Ristoratore 2.0* di Olindo Cren
- *Cameriere in 1 ora* di Roberta Quinz
- *Restaurant Marketing* di Gianluca Vianello
- *Food Strategy* di O. Cren, A. Podda, L. Purpi, R. Quinz, G. Sciortino

LIBRI PER IL SETTORE BEAUTY
- *22 regole per avere successo come estetista* di Valentina Tecchio
- *Salone di successo* di Federico Napoli

LIBRI PER IL SETTORE AUTONOLEGGIO/AUTOMOTIVE
- *I 4 pilastri dell'autonoleggio* di Mauro Chiarugi

LIBRI PER IL SETTORE TRASPORTI
- *Da camionista a imprenditore* di Patrizio Cappella

LIBRI DI MANAGEMENT DEL SETTORE ODONTOIATRICO
- *Il dentista di successo* di Daniele Beretta
- *Dental Marketing* di Gian Paolo Montosi e Stefano Riguzzi
- *Sono un pessimo dentista!* di Simone Stori
- *Il dentista del futuro* di G. Massaiu e A. Massaiu
- *Segretaria di studio dentistico vincente* di G. Massaiu, T. Di Fraia e M. Tiana
- *I 7 pilastri della gestione dello studio dentistico* di Nicola Pavan
- *Mindset per dentisti* di Alberto Quinci
- *Clinic Boost* di Eugenio Brenna

LIBRI PER SETTORE OTTICO
- *Ottico imprenditore* di Busin, Comacchio, Valentini, Vardiero, Vitali

Printed in Great Britain
by Amazon